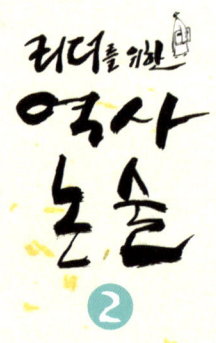

2021년 10월 5일 증보 개정판 2쇄 펴냄

지은이 강종범 · 이은혜 · 정갑연
그린이 우덕환
사진 서찬석 · 국립 중앙 박물관 · 양병주
디자인 김현일
마케팅 김태준 · 장관섭
펴낸이 박우현
펴낸곳 로직아이
등록 제307-2011-58호
주소 서울시 마포구 잔다리로 120 성동빌딩 (서교동 457-6) 303호
전화 (02)747-1577
팩스 (02)747-1599
인쇄 JK프린팅

ⓒ이주로직아이
※ 글과 사진의 무단 복제와 전재를 금합니다.
※ 잘못된 책은 바꿔 드립니다.

ISBN 978-89-94443-72-0

리더를 위한 역사 논술

②

고려의 건국부터 멸망까지

㈜로직아이

펴내는 글

역사는 무조건 외우는 암기과목이 아니에요. 역사는 돌무더기나 기와 조각 같은 몇 가지 단서들(기록물, 유물, 유적)을 가지고 상상력을 발휘하여 퍼즐 조각을 맞춰 나가는 활동입니다. 우리는 그것들과 대화하면서 옛 조상들뿐만 아니라 그 시대의 생활 모습과 문화를 이해하지요. 그래서 역사는 추리 소설과 비슷해요. 역사가 재미있는 이유도 바로 여기에 있습니다.

몇 년 전에 일곱 명의 선생님이 역사 논술 교재를 만들기 위해 모였습니다. 선사 시대부터 현대까지 우리나라 역사를 재미있게 배우고 가르칠 수 있는 역사 논술 교재를 만들기로 합의했지요. 세 분은 선사 시대부터 고려 시대까지의 역사를 맡기로 하고, 두 분은 조선 시대, 다른 두 분은 조선 시대 후반기인 외세의 침입부터 현대까지의 역사를 맡기로 했어요. 원칙은 다섯 가지였습니다.

첫째, 초등학생들도 재미있게 할 수 있는 교재여야 한다.

초등학교 시절에 역사를 재미있게 배워야 중·고등학교에 가서도 역사의 향기를 좋아할 테니까요.

둘째, 어떤 역사책을 읽고 수업하든 상관없는 교재로 만들어야 한다.

심지어 선생님이나 학부모가 역사에 대해 잘 안다면 이 교재만으로도 수업할 수 있습니다. 역사적인 사실은 세월이 가도 변하지 않으니까요. 모든 역사책은 기본이 같아요. 따라서 이 교재로 수업을 할 때는 다른 한국사 책을 읽고 수업하면 많은 도움을 받을 수 있을 거예요. 〈리더를 위한 한국사 만화 – 고려 시대사〉도 많은 도움이 될 겁니다.

셋째, 우리나라 역사의 흐름을 쉽게 알 수 있어야 한다.

이 교재는 단순한 문제 풀이가 아니라 우리나라의 역사 이해라는 목적을 가지고 있어요. 역사는 연표 외우기보다는 전체의 흐름을 이해하는 것이 중요합니다. 역사가 너무 단순하거나 어려우면 아이들이 역사 전체를 싫어할 수 있거든요. 역사가 쉽고 재미있어야 학생들의 지식도 깊어질 수 있습니다.

넷째, 교사나 학부모가 가르치기 좋고 학생들이 이해하기 쉬워야 한다.

  방과후학교에서 일주일에 한 번 수업한다면 2-3개월 분량, 방학 때 일주일에 두 번 수업한다면 1-2개월 분량의 교재예요. 분량이 너무 많으면 학생들이 지칠 수 있고 너무 적으면 교사나 학부모가 아쉬울 수 있어요. 그럼에도 불구하고 수업 분량은 학생들의 수준이나 교육 여건에 따라 조금씩 조절할 수 있을 거예요.

다섯째, 주인 의식을 갖게 하는 교재여야 한다.

  모든 국민이 주인 의식을 가지고 있어야 다른 나라의 간섭에 주체적으로 대처할 수 있어요. 일정한 문제들에 대해 토론할 수 있도록 만든 이유도 여기에 있지요. 토론할 때는 주체성이 가장 중요하거든요. 이 교재에 〈리더를 위한 역사 논술〉이라고 이름을 붙인 까닭도 여기에 있습니다. 이 교재가 역사의 강을 건널 때 징검다리 역할만 한다고 해도 우리는 만족할 거예요.

  원래 〈리더를 위한 역사 논술〉은 3권이었습니다. 그러나 많은 선생님이 기존의 교재에 부족한 부분들을 좀 더 보강하여 알차게 꾸며 달라는 요청을 하셨습니다. 그리하여 〈리더를 위한 역사 논술〉을 6권으로 만들고 따로 종합편과 실전편을 만들기로 계획했습니다. 이미 이 교재를 사용하셨던 분들에게 이해를 부탁드립니다.

  마지막으로 이 교재가 나오는 데 원고 검토와 교정 교열 등에 도움을 주신 배동순, 이근하, 정미선, 김혜정, 갈진영 선생님을 비롯하여 많은 선생님들께 감사드리고, 특히 동국대학교 사학과 학과장이신 양홍석 교수님과 제주대학교 전영준 교수님 그리고 인하대학교의 차인배 교수님과 현대 고등학교의 최태선 선생님께 감사드립니다.

집필자들을 대신하여   *원장 박우현*

교재 사용 방법

이 교재에는 단원마다 전체의 역사를 알 수 있는 만화, 그림으로 만든 연표가 문제와 더불어 들어 있어요. "한눈에 쏙쏙! 시대 엿보기"예요.

교사와 학부모 그리고 학생들은 펼친그림과 연표를 통해 단원 전체를 한눈에 알 수 있습니다. 이 내용들이 1차시에 해당해요. 재미있는 이야기와 더불어 그림을 통해 앞으로 배울 전체의 흐름을 이해한다면 더욱 좋겠지요?

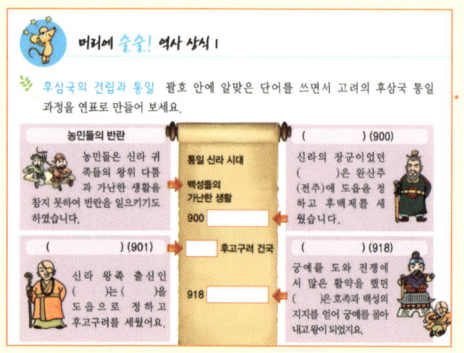

역사를 이야기할 때는 재미만 중요하지 않아요. 역사 상식이 있어야 해요. 그래서 가장 먼저 "머리에 술술! 역사 상식"을 배치했습니다.

여기서는 게임, 퀴즈 등으로 시대별로 중요한 역사적 사실들을 정리할 수 있어요. 상식만 정리해도 굉장한 지식을 습득할 수 있어요.

역사 공부도 몰입이 중요해요. "재미가 솔솔! 역사 속으로"

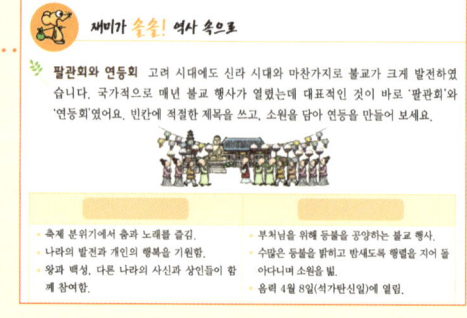

역사 속에서 그 시대 사람이 되어 생각해 본다면 역사가 조금 더 실감 날 수 있어요. 학생들이 역사 속의 주인공이 된다면 그 시대를 좀 더 가깝게 느낄 수 있지요.

학생들도 역사의식이 있어야 해요. "생각이 쑥쑥! 나도 역사가" 코너는 역사에 대한 자기 생각을 필요로 해요.

토론할 때는 무엇보다도 자기 생각이 중요해요. 자기 생각이 있어야 다른 사람들의 생각에 대해 창의적으로 대처할 수 있습니다.

○……… "마음에 꼭꼭! 되돌아보기"

앞서 학습한 내용에 대한 정리와 더불어 역사의식을 가지고 새롭게 자신의 가치관을 정립할 수 있어요. 공부할 때는 요약과 정리만큼 중요한 것은 없어요. 핵심을 파악해야 어떤 것이 필요하고 어떤 것이 필요 없는지를 알 수 있거든요.

〈리더를 위한 역사 논술〉은 단원별로 구성되어 있습니다.
교사나 학부모는 수업 방식에 따라 그리고 학생들의 역량에 따라 분량을 조절해서 수업할 수 있어요.

지도와 그림을 중시했어요. ………○

학생들은 그림을 좋아하니까요. 그림 속에 역사 이해의 열쇠가 숨어 있어요. 생각의 단초도 제공할 거예요. 잘 살펴보세요.

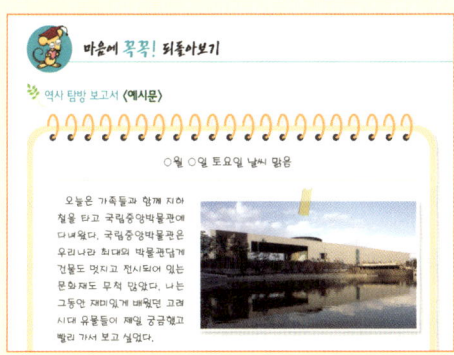

○……… 단원마다 역사를 탐방할 곳을 써 놓았고 계획서와 보고서 양식 그리고 역사 낱말 풀이가 있어요.

시간이 되면 역사와 관련된 장소에 직접 가서 체험해 보세요. 백문이 불여일견! 백 번 듣는 것보다 직접 체험하는 것이 더 효과적이니까요.

지침서는 선생님용이에요.
학생들은 더 알고 싶은 내용이 있으면 선생님이나 부모님께 물어 보세요. 좋은 질문은 여러분을 더욱 멋진 사람으로 만들어 줄 거예요.

이 책을 통해 여러분들과 함께 신나고 재미있는 역사 여행을 할 수 있게 되어 무척 기뻐요. 이 기회에 여러분도 세상을 보는 멋진 눈을 갖게 되기를 바랍니다.

지은이 일동

차례

01 빛나는 문화를 세계에 알린 고려

□ 한눈에 쏙쏙! 시대 엿보기 … 10

□ 머리에 술술! 역사 상식 1 … 14
- 후삼국의 건립과 통일
- 후삼국의 건국
- 고려 왕들의 노력
- 고려 시대 신분 제도
- 거란의 침입과 고려의 대항
- 고려 시대의 국제 정세

□ 머리에 술술! 역사 상식 2 … 20
- 불교의 영향
- 역사 퀴즈, 암호를 풀어라!
- 이자겸과 묘청의 난
- 무신의 난
- 무신 정권
- 몽골의 침략
- 삼별초, 위대한 항쟁
- 고려 시대의 인물과 업적

□ 재미가 솔솔! 역사 속으로 1 … 28
- 훈요십조
- 고려의 대외 관계
- 무역항 벽란도
- 팔관회와 연등회

고려시대 여성들의 삶
나는야 고려청자 디자이너
나라를 따뜻하게 만든 사람, 문익점에게 편지 쓰기

☐ 생각이 쑥쑥! 나도 역사가　　　　　　　　　　　　　36

　내가 만일 ㅇㅇㅇ라면?
　유물 콘테스트!
　고려의 화폐
　삼국 시대 불상과 고려 시대 불상
　팔만대장경
　Q&A로 알아보는 세계 기록 유산 〈직지심체요절〉

☐ 마음에 꼭꼭! 되돌아보기　　　　　　　　　　　　　44

　고려 시대 돌아보기
　역사적인 인물
　역사적인 사건
　역사 탐방 안내
　역사 탐방 보고서 〈예시문〉
　역사 탐방 계획서
　역사 탐방 보고서
　역사 낱말 풀이!

"역사는 과거와 현재의 끊임없는 대화이다."
Edward. H. Carr

학습 목표

1. 고려의 통일 과정 및 고려 시대 정치 상황의 변화에 대하여 알 수 있다.
2. 불교가 국가와 백성들의 생활에 어떤 영향을 주었는지 알 수 있다.
3. 고려의 활발한 대외 교류 관계에 대하여 알 수 있다.
4. 외세의 침입 극복 과정에 대하여 알 수 있다.
5. 고려 시대를 대표하는 과학 기술과 문화재의 가치에 대하여 알 수 있다.

빛나는 문화를 세계에 알린 고려

길라잡이 책소개
〈리더를 위한 한국사 만화② 고려 시대사〉

고려 궁지

고려, 코리아, Korea 이름을 세계에 알리다!

삼국을 통일한 나라는 신라이지요? 그러나 그 후 다시 분열된 후삼국을 완전히 통일한 나라는 고려랍니다. 고려는 많은 외적의 침입을 당하는 역경 속에서도 아름다운 문화를 꽃피워 '고려'라는 이름을 세계에 알렸어요. 상상의 타임머신을 타고 고려 시대로 여행을 떠나 볼까요? 그곳에서 외적과 맞서 싸우는 용감한 장군이 되어 보세요. 또 고려의 우수한 상품을 수출하는 벽란도 최고의 상인도 되어 봅시다. 연등에 소원을 담아 등불을 밝혀 보는 건 어떨까요? 자, 이제 꼬마 역사가들의 탐험을 시작해 봅시다!

한눈에 쏙쏙! 시대 엿보기

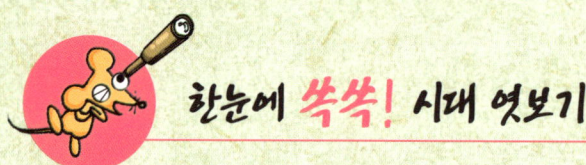

한눈에 쏙쏙! 시대 엿보기

🌿 고려의 연표입니다. 빈칸에 알맞은 말을 채워 넣으세요.

왕건의 고려 건국

☐ 년

☐ 통일

936년

☐ 조판

1236년

☐ 의 침입

1231 ~ 1270년

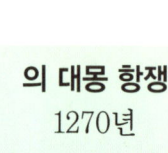

☐ 의 대몽 항쟁

1270년

☐ 의 목화 전래

1363년

☐ 의 화통도감

1377년

거란의 1차 침입
☐의 소손녕과의 담판
993년

거란의 3차 침입
☐의 귀주 대첩
1019년

윤관의 ☐ 정벌
9성 축조
1107년

정중부의 ☐ 정변
1170년

김부식 ☐ 편찬
1145년

☐의 위화도 회군
1388년

고려 멸망
☐년

2. 빛나는 문화를 세계에 알린 고려 | 13

머리에 쏙쏙! 역사 상식 1

🌿 **후삼국의 건립과 통일** 괄호 안에 알맞은 단어를 쓰면서 고려의 후삼국 통일 과정을 연표로 만들어 보세요.

농민들의 반란 
농민들은 신라 귀족들의 왕위 다툼과 가난한 생활을 참지 못하여 반란을 일으키기도 하였습니다.

(　　　　) (900)
신라의 장군이었던 (　　)은 완산주(전주)에 도읍을 정하고 후백제를 세웠습니다.

(　　　　) (901)
신라 왕족 출신인 (　　)는 (　　)을 도읍으로 정하고 후고구려를 세웠어요. 

(　　　　) (918)
궁예를 도와 전쟁에서 많은 활약을 했던 (　　)은 호족과 백성의 지지를 얻어 궁예를 몰아내고 왕이 되었지요.

신라의 항복 (935)
후백제의 공격으로 나라의 힘이 약해지자 (　　)은 스스로 나라를 고려에 넘겨주었습니다. 

후삼국 통일 (　　)
왕건은 견훤과 함께 신검의 (　　)를 공격해 무너뜨리고 마침내 후삼국을 통일하였답니다.

통일 신라 시대
→ 백성들의 가난한 생활
900 [　　]
[　　] 후고구려 건국
918 [　　]
927 공산전투
930 고창전투
935 신라의 항복
[　　] 후삼국 통일

○ 후삼국 통일과 통일 신라를 비교한 내용입니다. 보기에서 적당한 단어를 골라 빈칸에 써 보세요.

보기　　당나라　　송나라　　중앙 귀족　　왕권　　발해인　　몽고인

① 통일 신라는 [　　　　]의 힘을 빌려 통일했지만 고려는 독자적인 힘으로 통일했다.

② 신라가 삼국을 통일할 때 지방 세력은 [　　　　] 때문에 자신의 주장을 내세울 수 없었다. 그러나 후삼국을 통일할 때는 지방 세력이 [　　　　]을/를 몰아내고 고려 건국을 도왔다.

③ 신라의 삼국 통일과 달리 고려의 후삼국 통일은 후백제와 신라 세력뿐 아니라 [　　　　]들까지 받아들였기 때문에 실질적인 민족 통일이라고 할 수 있다.

후삼국의 건국 아래 지도에 후삼국의 영토를 색칠하고 각 국가의 건국한 지역을 표시해 보세요.

머리에 술술! 역사 상식 1

고려 왕들의 노력 고려 초기에 나라의 기틀을 다지기 위한 노력들입니다. 관련이 있는 왕과 연결 짓고 왕의 이름을 써 보세요.

시무 28조
- 최승로가 올린 정치 개혁안. 유교의 정치 원리를 바탕으로 한 제도 정비.

왕권 안정
- 호족들의 딸과 결혼하여, 지방 세력을 후하게 대접함.

과거 제도 실시
- 능력에 따라 관리를 선발함.
- 과거 시험에 합격한 사람들은 왕의 충성된 신하가 됨.

민족 통합
- 후삼국 출신 사람 및 발해 유민들을 받아들임.

노비안검법 실시
- 억울하게 노비가 된 사람들의 신분을 되찾아 줌.
- 호족들에게서 노비를 빼앗아 그들의 힘을 약화시키고자 함.

🌿 **고려 시대 신분 제도** 고려 시대의 신분은 4개로 나누어져 있었습니다. 사다리를 타고 내려가 신분에 맞는 옷을 골라 주세요.

| 귀족 | 중류층 | 양인 | 천민 |

우리는 남의 집에서 노비로 일하거나 광대, 뱃사공 같은 일을 하는 사람들이야!

나는 농사를 짓는 사람이야, 그리고 내 친구들은 물건을 만들거나 파는 일을 하지!

우리는 궁궐의 실무를 보거나 지방 행정을 도와주는 하급 장교 일을 맡고 있어!

우리는 왕족, 또는 높은 벼슬자리에 있는 고려의 지배층이지!

머리에 술술! 역사 상식 1

거란의 침입과 고려의 대항 고려는 여러 차례 북방 민족의 침략을 당했지만 그럴 때마다 힘을 모아 이겨냈습니다. 아래 내용은 고려가 거란의 침입을 막아 낸 과정입니다. 빈칸에 들어갈 내용을 [보기]에서 골라 채워 보세요.

TIP 강동 6주
청천강에서 압록강에 이르는 땅

보기
㉠ 강감찬 ㉡ 귀주 ㉢ 양규 ㉣ 강동 6주
㉤ 소손녕 ㉥ 서희 ㉦ 송나라 ㉧ 당나라

거란의 침입 / 고려의 대항

1차 침입: 거란의 _____ 이/가 고려가 송나라와 교류하는 것을 방해하기 위해 80만의 군사를 이끌고 침입해 옴.
→ _____ 이/가 외교 담판을 벌여 거란군을 철수시키고 _____ (청천강에서 압록강에 이르는 땅)가 고려의 영토임을 인정받음.

2차 침입: 거란이 고려와 _____ 의 교류를 완전히 차단하고 강동 6주를 되찾기 위해 40만 군사를 거느리고 2차 침입함.
→ _____ 장군이 활약하며 되돌아가는 거란군을 공격하여 큰 피해를 입힘.

3차 침입: 고려가 거란과의 국교를 끊고 _____ 와 다시 교류하자 거란의 소배압 장군이 10만 대군을 이끌고 3차 침략해 옴.
→ 고려의 _____ 장군이 거짓으로 패하는 척하며 후퇴하다 고려군의 작전을 눈치채고 급히 후퇴하는 거란군을 귀주에서 크게 무찔러 이김(_____ 대첩).

고려 시대의 국제 정세 고려 시대 초기의 주변 나라들입니다. 빈칸에 나라 이름을 쓰고 서로의 관계에 대해 말해 보세요.

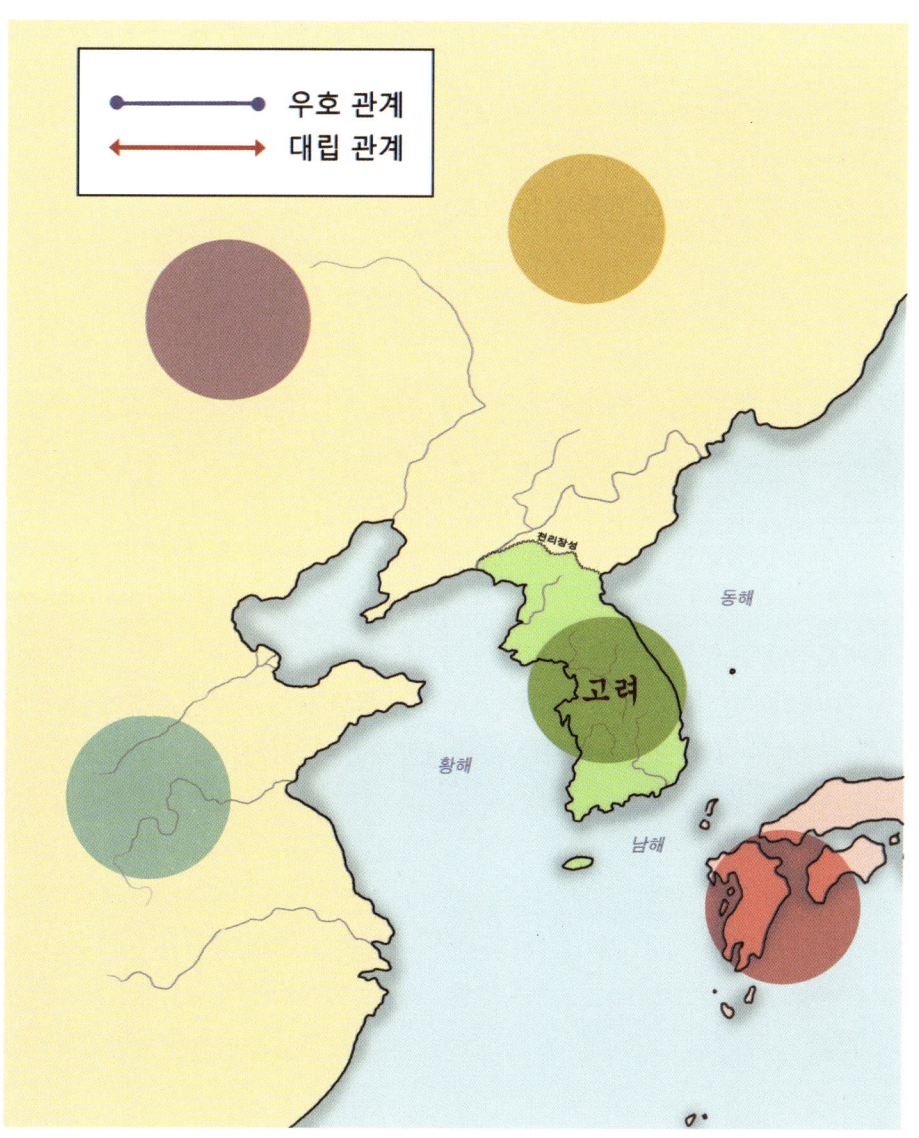

여진	
거란	
왜	
송	

머리에 술술! 역사 상식 2

불교의 영향 고려 시대 불교와 관련된 내용들입니다. 관련 있는 것끼리 연결하고 이름을 써 보세요.

종교 활동뿐만 아니라 경제 활동을 하는 장소.

백성들도 고기보다는 주로 채소를 먹고 차를 마심.

백성들의 식생활

가장 오래된 목조 건물.

절의 경계를 나타내는 표지판.

승려가 되기 위한 시험.

🌿 **역사 퀴즈, 암호를 풀어라!** 역사 탐정이 되어 고려 시대와 관련된 퀴즈를 풀어 보세요. 정답은 비밀 코드 안에 숨어 있습니다.

ㄱ	ㄴ	ㄷ	ㄹ	ㅁ	ㅂ	ㅅ	ㅇ	ㅈ
★	☆	∴	♣	☎	▦	☜	∶	¿

ㅊ	ㅋ	ㅌ	ㅍ	ㅎ	ㅏ	ㅑ	ㅓ	ㅕ
※	◀	■	◆	×	◐	▩	♨	⇔

ㅗ	ㅛ	ㅜ	ㅠ	ㅡ	ㅣ	ㅐ	ㅔ	ㅖ
↓	▶	≒	■	↘	♪	♣	Ⅱ	♡

1. 거란의 세 번째 침략을 막은 뒤에, 고려는 거란이 또 다시 침략할 것을 대비하여 압록강에서 도련포에 이르는 긴 성을 쌓았습니다. 이 성의 이름은 무엇일까요?

※♨☆	♣♪	¿◐∶	☜♨∶

2. 고려 시대의 불화 중 하나로 비단 위에 그려진 관세음보살 그림입니다. 바위에 앉아 있는 관세음보살이 달이 비치는 물을 바라보는 모습의 그림입니다. 이 그림은 무엇일까요?

3. 고려가 거란의 침략을 이겨내고 평화를 찾았을 때, 여진족이 고려를 위협해 왔습니다. 이때 윤관 장군이 특수 부대를 조직하여 여진을 물리쳤습니다. 이 특수 부대의 이름은 무엇일까요?

▦⇔♣	☎≒	▦◐☆

4. 이곳은 고려 말에 화약을 만들던 관청으로 최무선이 설치하였습니다. 왜구의 침입을 막기 위해 화약을 대량으로 만들던 이곳의 이름은 무엇일까요?

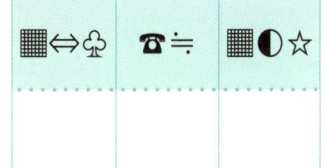

2. 빛나는 문화를 세계에 알린 **고려** | **21**

 머리에 술술! 역사 상식 2

이자겸과 묘청의 난 다음 글을 읽고 물음에 답하세요.

고려 중기였던 12세기 무렵, 권력을 차지하려는 귀족들의 욕심이 큰 싸움으로 번져 이자겸의 난과 묘청의 난이 일어났습니다. 이 두 난은 비슷한 시기에 일어났고 지배 권력을 둘러싼 갈등이었다는 점에서 같았지만, 난이 일어난 지역과 주도 세력의 신분 등에는 큰 차이점이 있었습니다. '이자겸'과 '묘청'의 인물 소개를 참고하여 다음 내용이 누구와 관계있는지 이름을 써 보세요.

이 름	이자겸(? ~ 1124년)
직 업	문신, 정치인
관심 분야	권력 차지
특이 사항	당대 최고의 문벌 귀족인 경원 이씨 집안

이 름	묘청(? ~ 1135년)
직 업	문신, 승려
관심 분야	풍수지리
특이 사항	서경(지금의 평양) 출신

① 고구려의 수도였던 서경(지금의 평양)으로 수도를 옮겨 나라의 위상을 높여야 한다고 주장.

② 어린 인종이 왕위에 오르자 더 큰 권력을 가지고자 인종에게 딸들을 시집보냄.

③ 무신인 척준경 장군과 사돈이 되면서 더욱 막강한 권력을 손에 쥠.

④ 서경 천도에 실패하자 스스로 서경에 '대위국'이라는 나라를 세우고 반란을 일으킴.

⑤ 인종을 없애고 스스로 왕이 되고자 궁궐에 불을 지르고 인종의 신하들을 죽임.

⑥ 척준경과 함께 난을 일으켰지만 인종의 묘책에 넘어간 척준경의 배신으로 제거됨.

⑦ 김부식 등 개경 출신 신하들의 반대로 서경 천도(수도를 옮김)의 계획이 무산됨.

🌿 **무신의 난** 고려 시대 중기에는 권력을 가진 귀족들의 횡포와 세력 다툼으로 나라 전체가 혼란스러웠습니다. 보기에서 적당한 단어를 골라 빈칸에 써 보세요.

문인(文人) VS 무인(武人), 무신의 난 이야기

1170년, 당시 왕이었던 의종은 문신(文臣)들만 총애하며 방탕한 생활을 했습니다. 왕을 호위하는 무신(武臣)들은 문신들에 비해 지위가 낮아 문신들에게 무시당할 때가 많았습니다. 더구나 문신들은 관직과 토지를 자손에게 대물림해 주며 계속 힘을 키워갔으며 농민들의 토지를 빼앗아 치부한 재산으로 사치스러운 생활을 누렸습니다. 백성들의 불만이 많아진 것은 당연했지요.

그러던 어느 날, 왕이 무신들의 무예를 구경하는 자리에서 나이도 어리고 지위도 낮은 젊은 문신이 '이소응'이라는 늙은 무신의 뺨을 때리며 놀리는 사건이 벌어졌습니다. 이 일을 계기로 정중부를 비롯한 무신들은 '더는 못 참겠다.'며 마침내 무신의 난을 일으키게 되었습니다. 무신들은 문신들을 모조리 죽이고 의종을 멀리 유배 보내면서 '무인(武人) 천하' 시대를 열었습니다. 그러나 무인들이 집권하는 동안에도 무인들끼리 서로 다투었고 여러 차례 왕이 바뀌었으며, 백성들의 생활은 여전히 어려워 이에 저항하는 농민들의 봉기가 곳곳에서 일어났습니다.

보기   만적의 난   망이·망소이의 난   문벌 귀족
            왕족   무신 정변   무인 천하

① 관직을 독차지하고 불법으로 농민들의 토지를 빼앗는 문신들로 구성된 귀족들을 무엇이라고 하나요?

② 문신들의 권력 대물림과 횡포에 무신들이 난을 일으켜 정권을 잡은 사건을 무엇이라고 하나요?

③ 무신들 간의 싸움으로 백성들의 생활이 어려워지자 농민과 노비들이 난을 일으켰는데, 그중 충청도 지역 공주 명학소에서 일어난 민란은 무엇인가요?

 머리에 술술! 역사 상식 2

무신 정권 무신 정권의 주요 인물들입니다. 빈칸에 인물의 이름을 써 보고 무신 정권의 좋은 점(의의)과 나쁜 점(한계)은 무엇인지 생각해 보세요.

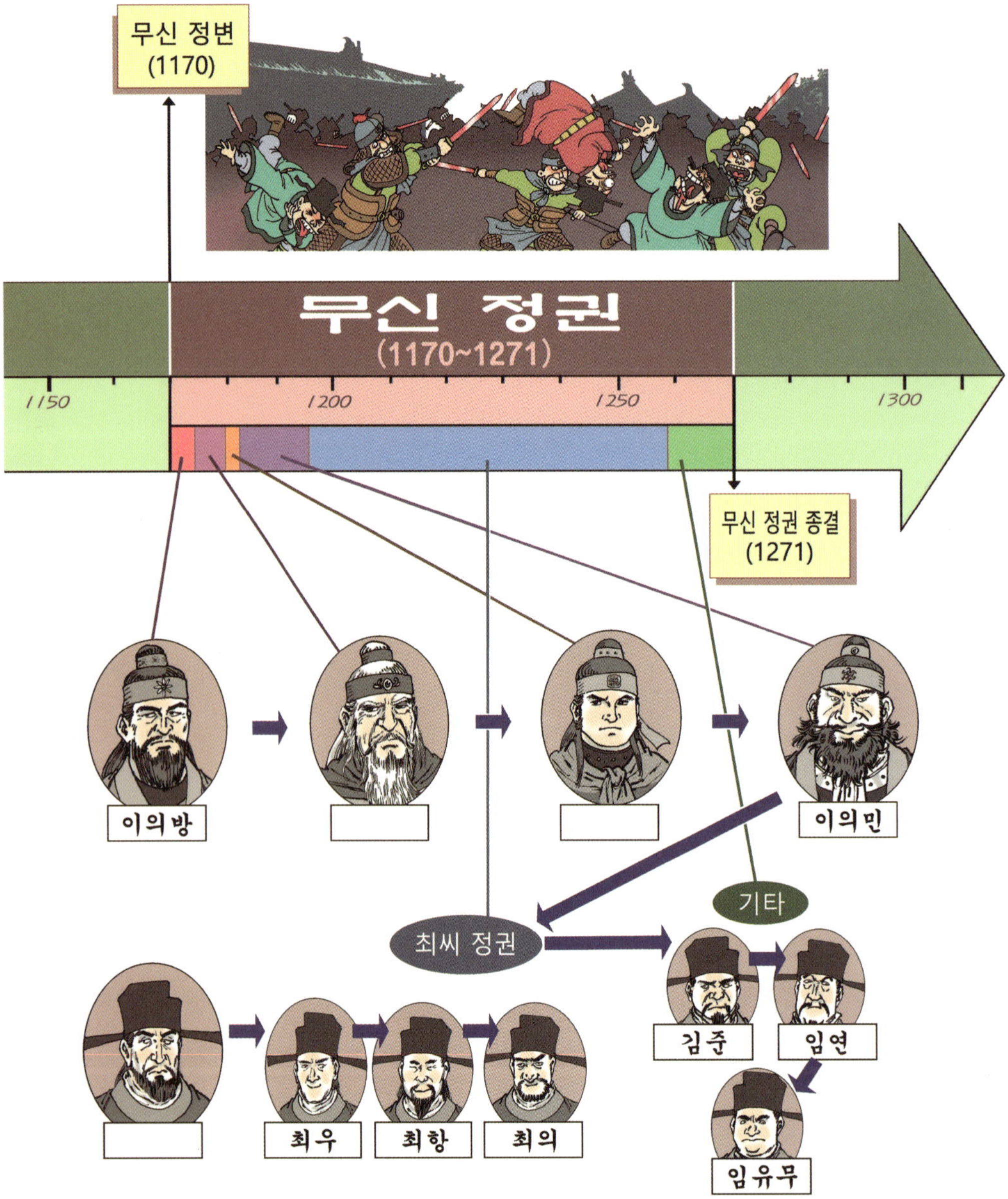

무신 정변 (1170)

무신 정권 (1170~1271)

무신 정권 종결 (1271)

이의방 → ( ) → ( ) → 이의민

최씨 정권: ( ) → 최우 → 최항 → 최의

기타: 김준 → 임연 → 임유무

좋은 점(의의)

나쁜 점(한계)

🌱 **몽골의 침략** 이 그림은 몽골의 침략 경로입니다. 빈칸에 중요한 사건을 써 보세요.

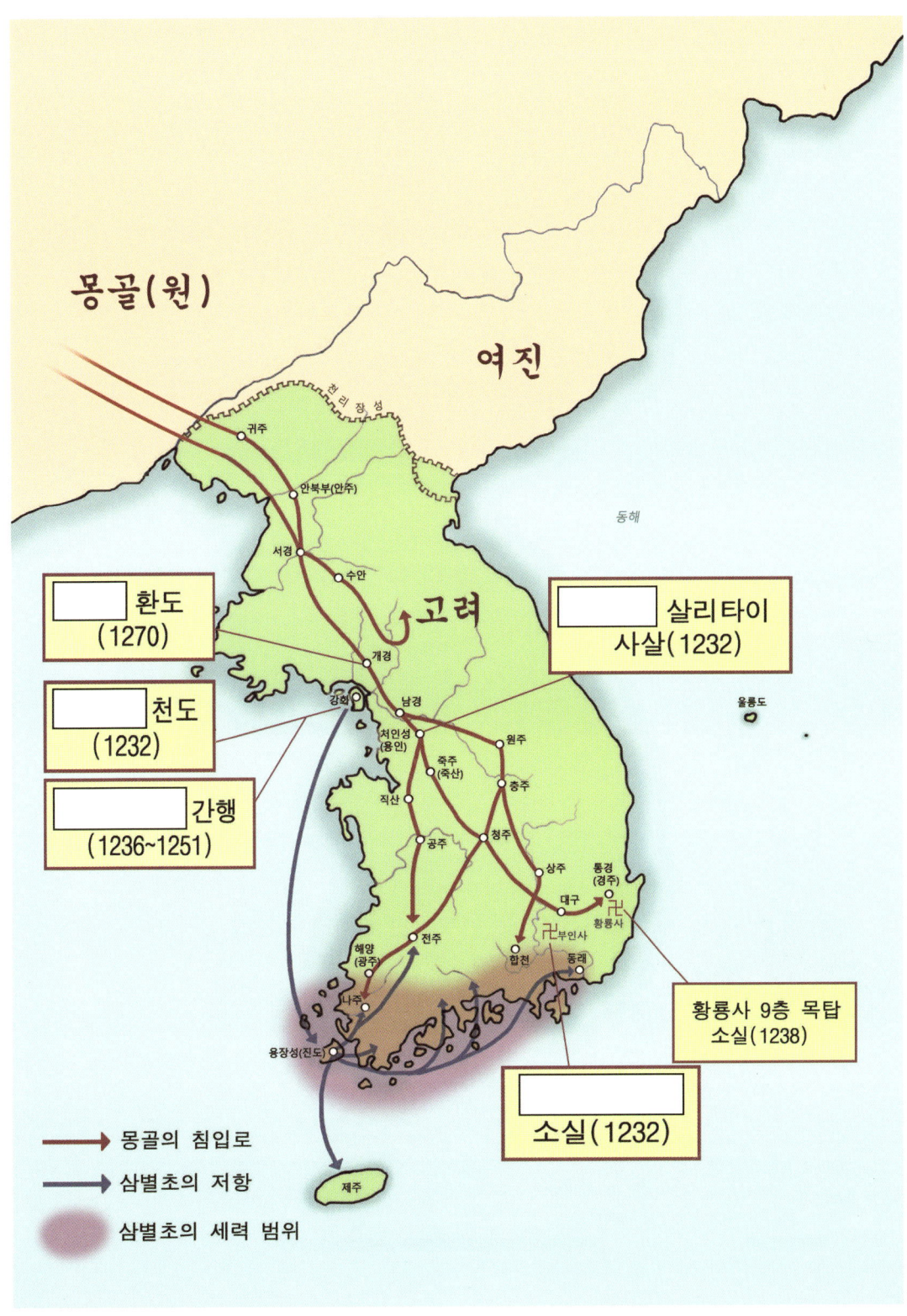

 머리에 술술! 역사 상식 2

 삼별초, 위대한 항쟁 지도를 참고하여 빈칸에 들어갈 알맞은 내용을 넣어 보세요.

몽골의 침입과 고려의 40년 항쟁

세계적인 대제국으로 성장한 몽골은 고려를 침략했습니다. 고려는 몽골과 싸우기 위해 도읍을 개경에서 가까운 섬, (　　)로/으로 옮겼습니다. 왜냐하면 육지에서만 싸워 왔던 몽골군은 바다의 전투에 약했기 때문입니다. 몽골은 고려를 계속 침입하였고 고려는 이에 맞서 싸웠지만, 약 **40년 간의 항쟁**을 끝으로 몽골과 화해하였습니다.

하지만 군사 조직이었던 삼별초는 몽골과의 화해를 반대하며 강화도에서 (　　)로/으로, 다시 (　　)로/으로 옮겨가며 끝까지 싸웠습니다. 그러나 고려와 몽골 연합군에 의해 진압당함으로써 고려는 한동안 몽골의 간섭을 받게 되었습니다.

🌿 **고려 시대의 인물과 업적** 고려 시대 인물들의 이름과 업적을 연결 지어 보는 게임을 해 보세요.

> **게임 방법**
> 1. 고려 시대 인물들의 이름을 찾아서 ◯ 를 합니다.
>   인물 이름은 가로(→), 세로(↓), 사선(↘ ↗)에서 찾으면 됩니다.
> 2. 인물 이름을 제일 먼저 찾은 사람이 '고려'를 외치고 그 인물의 업적을 큰 소리로 말합니다.

인물의 업적: 시무 28조, 삼국유사, 목화씨, 반원 개혁 정치, 외교 담판(거란의 1차 침입), 화약 제조, 귀주 대첩, 여진 정벌(별무반 조직), 과거제 시행

예) 최승로 ➡ 시무 28조

타	왕	승	오	문	하	제	희	관
공	기	보	익	강	오	궁	감	최
훤	에	점	윤	최	감	문	고	서
일	연	도	피	무	견	찬	희	려
종	노	건	감	양	공	이	에	하
윤	관	하	최	기	민	최	타	중
궁	감	서	광	고	왕	승	승	호
점	하	기	희	종	감	보	익	로
최	무	선	규	무	기	민	왕	대

재미가 솔솔! 역사 속으로

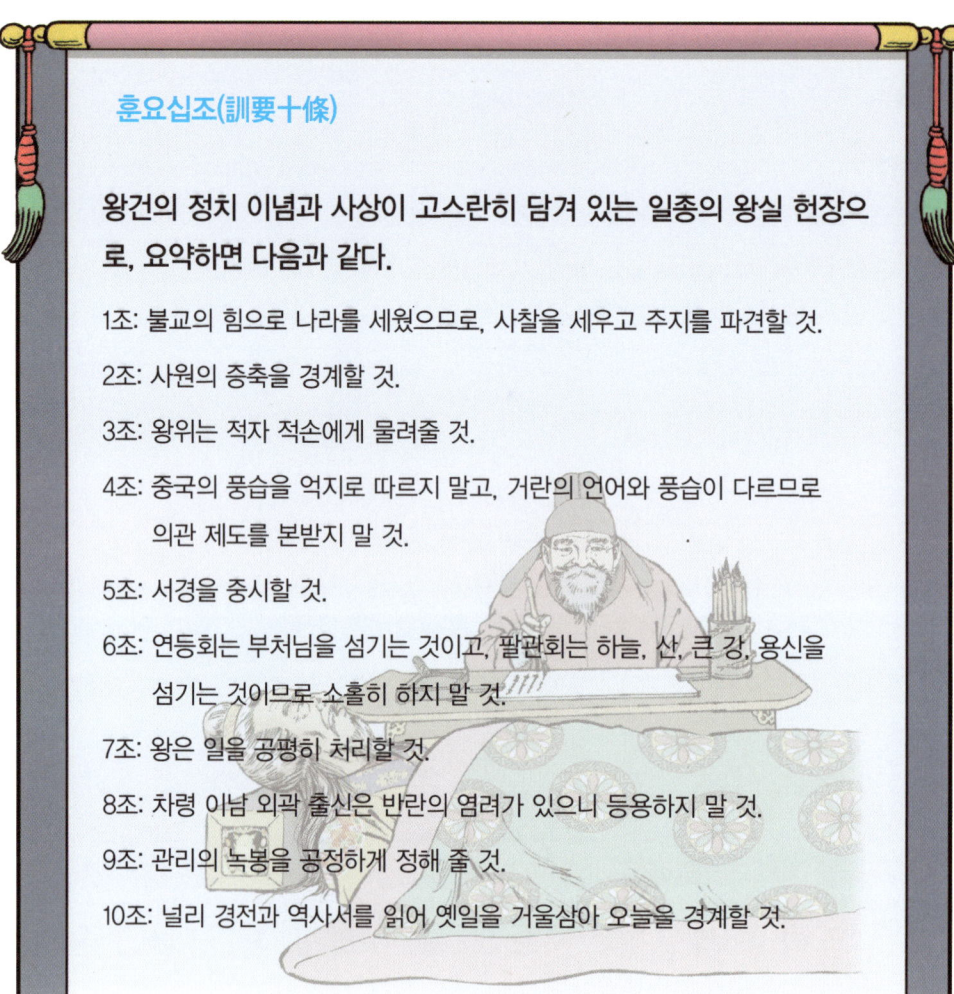

훈요십조(訓要十條)

왕건의 정치 이념과 사상이 고스란히 담겨 있는 일종의 왕실 헌장으로, 요약하면 다음과 같다.

1조: 불교의 힘으로 나라를 세웠으므로, 사찰을 세우고 주지를 파견할 것.
2조: 사원의 증축을 경계할 것.
3조: 왕위는 적자 적손에게 물려줄 것.
4조: 중국의 풍습을 억지로 따르지 말고, 거란의 언어와 풍습이 다르므로 의관 제도를 본받지 말 것.
5조: 서경을 중시할 것.
6조: 연등회는 부처님을 섬기는 것이고, 팔관회는 하늘, 산, 큰 강, 용신을 섬기는 것이므로 소홀히 하지 말 것.
7조: 왕은 일을 공평히 처리할 것.
8조: 차령 이남 외곽 출신은 반란의 염려가 있으니 등용하지 말 것.
9조: 관리의 녹봉을 공정하게 정해 줄 것.
10조: 널리 경전과 역사서를 읽어 옛일을 거울삼아 오늘을 경계할 것.

○ 훈요 십조 가운데 두 개의 조항을 선택해 그 의미를 말해 보세요.

○ 여러분이 생각하기에 훈요 십조 중에서 가장 중요한 것은 무엇인가요? 그 이유와 함께 써 보세요.

🌿 **고려의 대외 관계** 고려가 다른 나라들에 수출한 물건과 수입한 물건을 두 개씩만 써 보세요.

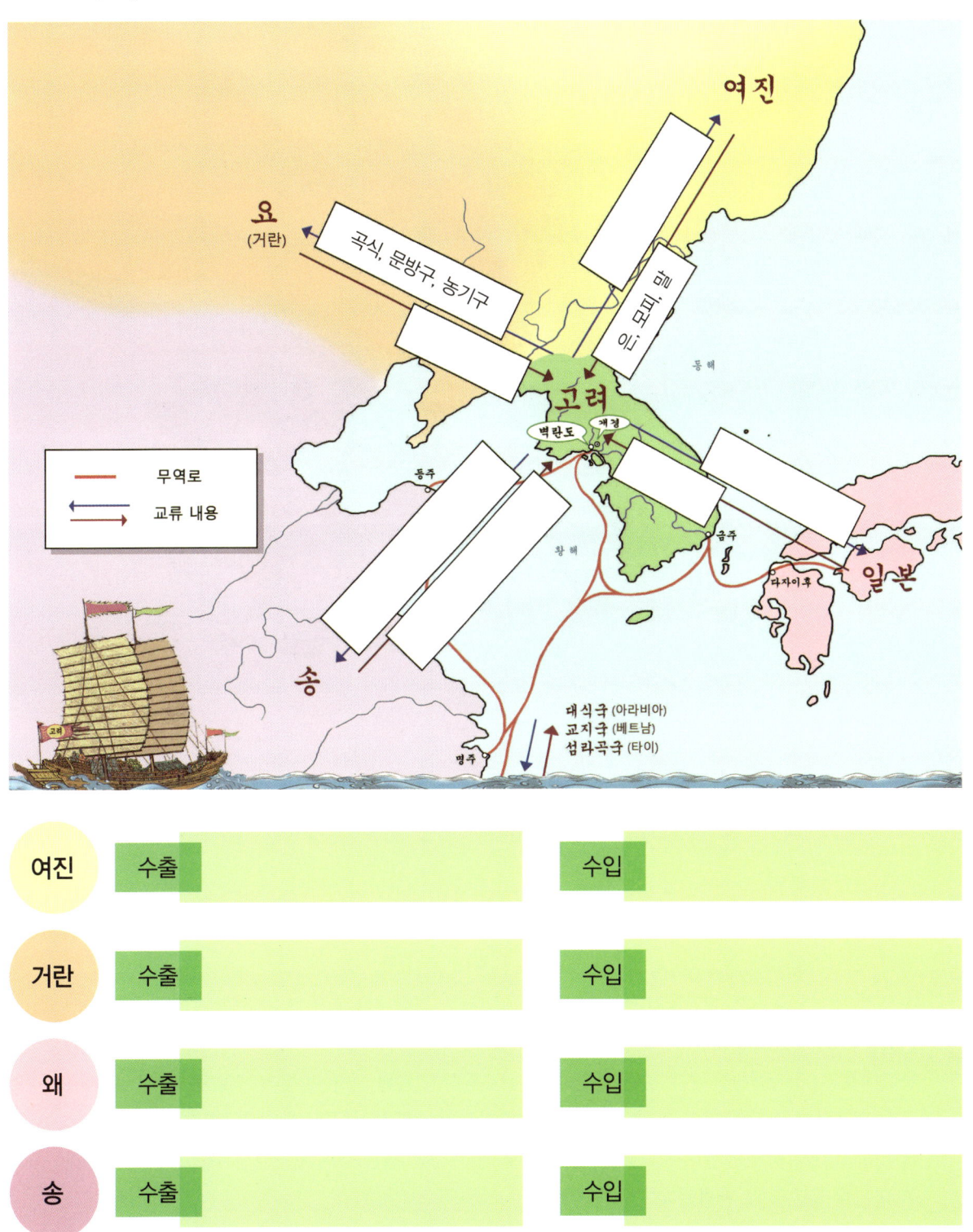

여진	수출		수입	
거란	수출		수입	
왜	수출		수입	
송	수출		수입	

재미가 솔솔! 역사 속으로

🌿 **무역항 벽란도** 고려는 송, 일본, 아라비아 등 여러 나라의 상인들과 바닷길을 이용하여 활발히 무역을 하였습니다. 다음 이야기를 읽고 각 나라의 수출품은 무엇이었는지 빈칸에 써 보세요.

> **TIP 벽란도란?**
> 황해도 예성강 하구에 위치한 고려 시대의 국제 무역항입니다. 송나라를 비롯해 거란, 여진, 일본 등의 외국 상인이나 사신들이 이곳에 많이 머무르며 물자를 교역하였습니다.

송나라 배가 벽란도에 도착하자 기다리고 있던 고려 사람들이 우르르 몰려들었어요. "이번 팔관회 행사 때 비단이 많이 필요할 텐데 이것밖에 안 가져왔소?" "요즘 고려에 돌림병이 도는데 거기에 좋은 약재는 없소?" "지난번에 마셨던 차 맛이 그만입디다. 있는 대로 다 사겠소."

고려 사람들은 서로 송나라 상인들의 물건을 사려고 앞을 다투었지만 흥정에 뛰어난 송나라 상인들은 있어도 없는 척 없어도 있는 척, 속으로 돈 계산만 하고 있었지요. 송나라 상인들이 가져온 비단, 차, 약재는 고려에서 없어서 못 팔 정도로 인기가 최고이니 서두를 필요가 없었기 때문이에요. 게다가 이 물건들을 팔고 고려의 특산물인 삼베나 인삼을 송나라로 가져가면 또 엄청난 이익을 남길 수 있었답니다.

이번에는 아라비아 상인들의 배가 들어오고 있네요. 고려 사람들은 또 신기한 구경거리를 찾아 구름같이 모여들었어요. 부녀자들은 반짝반짝 빛나는 상아, 수정, 호박 같은 보석을 보고 눈이 휘둥그레졌고, 장사꾼들은 후추 같은 향신료를 미리 찜하기 위해 서로 밀쳐 가며 달려갔어요. 우와~ 공작새가 날개를 활짝 펴고 멋진 자태를 뽐내니 사람들의 탄성이 끊이지 않네요. 저것 보세요! 아라비아 상인이 뭐라고 말하니 그걸 기가 막히게 따라 하는 새가 있네요, 이 신기한 새는 앵무새라고 하는데 정말 인기 만점입니다.

🌿 **나는야, 벽란도 최고의 상인! 벽란도에서 물건을 사고파는 상인이 되어 물건을 수출하여 봅시다.**

* 나는 (　　　　　)나라의 상인입니다.

* 내가 수출하고 싶은 물건과 그것을 고른 이유는 무엇인가요?

* 이 물건을 팔기 위해 다른 나라 상인에게 내가 꼭 해야 할 말은?

 ## 재미가 솔솔! 역사 속으로

팔관회와 연등회 고려 시대에도 신라 시대와 마찬가지로 불교가 크게 발전하였습니다. 국가적으로 매년 불교 행사가 열렸는데 대표적인 것이 바로 '팔관회'와 '연등회'였어요. 빈칸에 적절한 제목을 쓰고, 소원을 담아 연등을 만들어 보세요.

• 축제 분위기에서 춤과 노래를 즐김. • 나라의 발전과 개인의 행복을 기원함. • 왕과 백성, 다른 나라의 사신과 상인들이 함께 참여함.	• 부처님을 위해 등불을 공양하는 불교 행사. • 수많은 등불을 밝히고 밤새도록 행렬을 지어 돌아다니며 소원을 빎. • 음력 4월 8일(석가탄신일)에 열림.

TIP 연등 만드는 방법

1. 색연필과 사인펜을 이용하여 연꽃무늬를 예쁘게 꾸밉니다.
2. 네모 칸에 소원을 적고 서명도 잊지 마세요.
3. 여러분이 고려 시대 사람이었다면 어떤 소원을 빌었을지 이야기해 보세요.

예시

🌿 **고려 시대 여성들의 삶** 고려 시대 여성들의 삶을 엿볼 수 있는 내용입니다. 조선 시대 여성들은 남성들에 비해 차별받는 삶을 살았다고 알려져 있습니다. 고려 시대 여성들의 삶의 모습도 같았을까요? 다음 내용으로 미루어 보아 당시 여성들의 삶은 어땠을지 자신의 생각을 적어 보세요.

- 고려의 왕 인종은 어머니를 따라 외가에서 자랐다.
- 아들과 딸을 태어난 순서대로 호적에 적었으며, 사위, 외손자, 외손녀까지 기록하였다.
- 결혼을 하면 남자가 처가(여자의 집)에서 사는 것이 일반적이었다.
- 아들과 딸들이 번갈아 제사를 지냈다.
- '몇녀 몇남'이라는 말이 어색하지 않았다.
- 이혼의 경우 부인이 데려온 노비는 여전히 부인의 소유로 인정되었다.
- 부인의 전 남편의 자녀인 '의자'들에게도 음서의 혜택이 있었다.
- 재산 상속에 있어 딸은 아들과 똑같은 권리를 가졌으며, 자기 재산을 마음대로 처리할 수 있었다.
- 여성의 재혼은 비교적 자유롭게 이루어졌다. 그리고 재혼한 부모를 가진 자녀도 차별받지 않았다.

TIP 음서란?
양반 신분을 우대하여 과거 시험을 보지 않고도 출신에 따라 관리에 임명했던 제도입니다.

재미가 솔솔! 역사 속으로

나는야 고려청자 디자이너 고려청자는 고려 시대에 만들어진 비취색의 도자기로, 무늬를 그려 넣어 만든 중국의 청자와 달리 도자기에 무늬를 직접 새겨 넣는 기법을 최초로 사용한 매우 독창적인 자기입니다. 여러분만의 고려청자를 디자인하고 모양과 용도에 맞는 이름도 지어 봅시다.

① 맨 앞에는 '청자'라고 씁니다.	② 무늬의 표현 방법이나 기법을 나타내는 말을 씁니다.	③ 어떤 무늬인지 씁니다.	④ 그릇의 모양이나 용도를 씁니다.

잠깐 상식 •• 국보 68호 '청자상감운학문매병'의 의미

1. 백자나 분청사기가 아닌 '청자'.
2. 도자기에 무늬를 새기고 그 자리에 다른 색깔의 흙을 메워 넣어 구운 후에 다시 긁어내는 '상감' 기법.
3. '구름과 학의 무늬'라는 뜻의 '운학문'.
4. 주둥이가 좁고 어깨는 넓으며 밑이 홀쭉하게 생긴 '매병'.

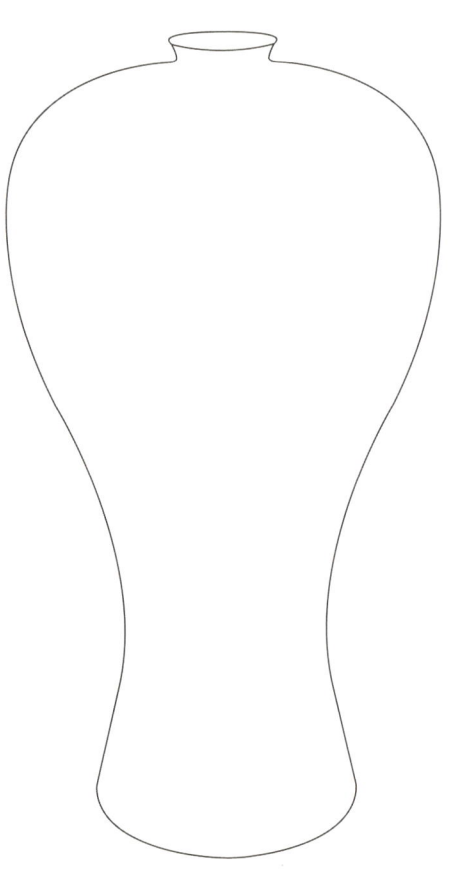

나라를 따뜻하게 만든 사람, 문익점에게 편지 쓰기

우리나라에서 목화를 처음 재배한 시기는 고려 말이었습니다. 아랫글을 읽고 빈칸에 공통으로 들어갈 말을 [보기]에서 골라 써 보세요. 그리고 목화 옷을 처음 입어 본 고려 시대 아이가 되어 문익점에게 감사의 편지를 써 보세요.

보기   삼베   비단   모시   목화   면

고려 시대의 사람들은 원래 ㉠_____, ㉡_____, ㉢_____ 등으로 옷을 지어 입곤 했어요. 그런데 ㉠_____ 이나/나 ㉡_____ 은/는 시원하고 통풍이 잘 되어 여름에는 입기 좋지만 겨울이 되면 추위를 막아낼 수 없지요. ㉢_____ 은/는 귀하고 값이 비싸 귀족이나 부자만 입을 수 있었기 때문에 백성들은 어쩔 수 없이 ㉠_____ 옷을 여러 겹 겹쳐 입고 겨울을 지냈답니다. 그때 원나라 사람들은 ㉣_____ 로/으로 옷을 지어 겨울을 따뜻하게 지냈으나 ㉣_____ 의 원료인 ㉤_____ 은/는 고려의 땅에서는 기르기 어려웠다고 해요. 그런데 고려 말 문익점이 ㉤_____ 재배에 성공하였고 덕분에 고려 사람들도 ㉣_____ 로/으로 천을 짜 옷을 지어 입어 겨울을 따뜻하게 보낼 수 있게 되었습니다.

TIP 고려 시대의 특징이 잘 드러나도록 글을 쓰며, 다 쓴 후에는 시대의 특징이 잘 드러난 문장에 예쁜 색연필로 밑줄 그어 보세요.

생각이 쑥쑥! 나도 역사가

🌱 **내가 만약 공민왕이라면?** '공민왕의 개혁 정치' 이야기를 읽고 다음 주제에 대하여 토의해 보세요.

원나라의 간섭이 100여 년에 이르는 동안 고려와 원나라 사이에는 교류가 빈번하였습니다. 고려에 들어온 몽골의 풍속을 '몽골풍'이라고 하는데, 몽골의 소주, 만두 등의 음식이 고려에 들어왔고, 여성이 결혼할 때 연지 찍고 족두리 쓰는 풍습이 생겨났습니다. 남자들 사이에는 몽골식 머리 형태인 변발이 유행하였습니다. 고려의 궁중에서는 몽골의 궁중 용어인 '마마', '수라', '무수리' 등을 사용하였습니다.

한편 원나라에도 고려의 풍습이 유행하였는데, 이것을 '고려양'이라 합니다. 원나라의 귀족들에게는 고려의 의복, 신발, 모자, 음식 등의 생활 양식이 인기였습니다.

공민왕은 원나라에 충성하던 이전의 다른 왕들과는 달랐습니다. 공민왕은 원나라의 간섭으로부터 벗어나 고려의 자주와 독립을 되찾고, 개혁 정치를 펴고자 마음먹었습니다. 공민왕은 원나라에 볼모로 있다 고려로 돌아오자마자 몽골 옷을 벗어 버리고 머리 모양부터 고려식으로 바꾸었습니다. 공민왕은 공녀 보내는 일을 중단시켰을 뿐 아니라, 원나라가 빼앗아 갔던 철령 이북의 땅과 원나라가 고려에 설치한 쌍성총관부와 정동행성을 공격하여 되찾는 개혁 정치를 하였습니다.

(1) 고려 후기에 원나라와 교류가 활발해지면서 몽골의 여러 가지 풍속이 고려에 들어와 유행했는데, 이러한 풍속은 무엇이며 어떤 것들이 있었나요?

풍속의 이름

사례

(2) 고려의 풍속이 원나라에서 유행하기도 했었는데, 이러한 풍속을 이르는 말은 무엇이며 어떤 것들이 있었나요?

풍속의 이름

사례

(3) 공민왕은 어떤 점에서 다른 왕들과 달랐나요?

(4) 여러분이 당시 고려의 왕이었다면 어떤 입장을 가지고 정치를 하였을지 선택해 보고, 그 이유를 적어 봅시다.

원나라와 활발한 교류를 통해 우수한 문물을 주고받을 것이다!	고려의 자주성을 지키기 위해 몽고의 풍습을 없애고 고려의 문화를 지킬 것이다!

2. 빛나는 문화를 세계에 알린 **고려**

생각이 쑥쑥! 나도 역사가

🌿 **유물 콘테스트!** 유물 감정사가 되어 각각의 유물 아래에 있는 별표에 중요하다고 생각하는 만큼 색칠해 보세요. (훌륭하다고 생각하는 유물일수록 많은 별점을 주어 등급을 서로 다르게 해보세요. 반쪽 색칠도 가능합니다.)

고려청자 특히 상감 청자는 청자에 '상감'이라는 기법으로 무늬를 새겨 넣어 더욱 화려하고 다채롭습니다.

고려청자
☆☆☆☆☆

1377년에 찍은 〈직지심체요절〉은 금속활자로 찍은 책들 중에 세계에서 가장 오래된 것입니다.

직지심체요절
☆☆☆☆☆

우리나라에서 가장 오래된 목조 건물입니다. 그 전까지는 부석사의 무량수전이 가장 오래된 목조 건물로 알려져 있었습니다.

봉정사 극락전
☆☆☆☆☆

최무선은 20여 년에 걸친 연구와 노력 끝에 화약과 화통을 발명하여 왜구를 소탕하는 데 크게 기여하였습니다.

화포
☆☆☆☆☆

고려는 몽골이 침략을 막기 위해 팔만대장경을 만들었습니다. 700년이 넘는 세월에도 썩거나 뒤틀림이 없습니다.

팔만대장경
☆☆☆☆☆

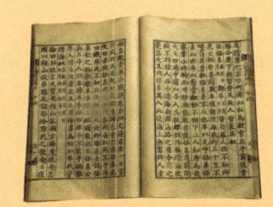

〈삼국사기〉는 김부식이 쓴 역사책으로 가장 오래된 것이고, 〈삼국유사〉는 일연 스님이 쓴 역사 이야기 책입니다.

삼국사기, 삼국유사
☆☆☆☆☆

○ 어떤 유물에 가장 많은 별표를 주었는지 유물 감정사가 되어 그 까닭을 써 보세요.

🌿 **고려의 화폐** 물건을 사고팔기 위해서는 동전이나 지폐 등 화폐가 필요합니다. 화폐가 생기기 전에는 물건과 물건을 직접 교환하거나 옷감, 곡물 등을 교환 수단으로 활용하였지요. 우리나라 최초로 국가에서 화폐를 만들어 유통시킨 때는 고려 시대(996년)였습니다. 하지만 이때의 화폐는 일부에서만 사용했을 뿐, 베와 쌀 등의 물품 화폐를 대신하지 못해 점차 화폐로서의 기능을 잃게 되었습니다. 다음 질문에 대해 생각해 봅시다.

고려 시대 화폐

건원중보(996년)
우리나라 최초의 화폐

은병(1101년)
고려 시대의 은화. 은 1근으로서
우리나라의 지형인 반도 모양의 화폐

○ 옷감이나 곡물로만 거래하면 어떤 문제들이 나타날까요?

○ 고려 시대에 화폐를 만들어 사용하게 했지만 실패한 이유는 무엇이었을까요?

○ 은병은 제대로 유통되지 못했습니다. 유통에 실패한 이유는 무엇이었을까요?

생각이 쑥쑥! 나도 역사가

삼국 시대 불상과 고려 시대 불상

삼국 시대의 불상

석굴암 본존 석가여래 좌상

태안 동문리 마애 삼존불 입상

경주 남산 불곡 마애 여래 좌상

고려 시대의 불상

관촉사 석조 미륵보살 입상

파주 용미리 마애 이불 입상

◯ 위 그림을 보고 고려 시대 불상의 특징을 간단하게 말해 보세요.

🌿 **팔만대장경** 여러분이 팔만대장경을 소개하는 해설사를 만나 인터뷰하는 기사를 써 보세요.

Q 팔만대장경은 왜 만들었나요?

A

Q 팔만대장경의 가치는 무엇인가요?

A

Q 팔만대장경은 어떤 이유로 세계 기록 유산에 등재되었나요?

A

생각이 쑥쑥! 나도 역사가

Q&A로 알아보는 세계 기록 유산 〈직지심체요절〉 〈직지심체요절〉은 현존하는 세계 최고의 금속 활자입니다. 그리하여 2001년 9월 유네스코 세계 기록 유산으로 등재되었습니다. 〈직지심체요절〉에 대해 알아보고 마지막 물음에는 여러분의 생각을 적어 보세요.

Q 〈직지심체요절〉의 정식 이름은 무엇인가요?

A 〈백운화상초록불조직지심체요절(白雲和尙抄錄佛祖直指心體要節)〉입니다. 줄여서 〈직지심체요절〉 또는 〈직지〉 등으로 부르기도 하지요.

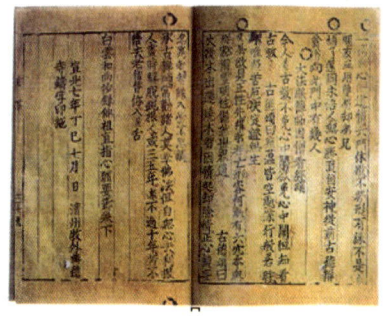

Q 〈직지심체요절〉은 언제 어디에서 만들었나요?

A 1377년(고려 우왕 3년)에 청주 흥덕사에서 인쇄했습니다. 이것은 1455년에 인쇄된 서양 최초의 금속 활자 인쇄본인 구텐베르크의 성서보다 무려 78년이나 앞선 것입니다.

Q 〈직지심체요절〉은 어떻게 구성되어 있나요?

A 〈직지심체요절〉은 백운이라는 스님이 상·하 2권으로 만든 책인데, 흥덕사의 금속 활자본은 하권만 남아 있습니다.

Q 〈직지심체요절〉은 어디에 보관되어 있나요?

A 〈직지심체요절〉은 현재 프랑스 국립 도서관에 소장되어 있습니다.

Q 〈직지심체요절〉은 누가 발견했나요?

A 〈직지심체요절〉은 2011년에 돌아가신 고 박병선 박사님이 1967년부터 13년 동안 프랑스 국립 도서관에 근무하면서 〈직지심체요절〉과 외규장각 도서를 찾았으며, 〈직지심체요절〉이 현존하는 세계 최초의 금속 활자라는 사실을 밝혀냈습니다.

Q 외규장각 도서는 한국에 돌아왔는데 〈직지심체요절〉도 되찾을 수 있나요?

A 〈직지심체요절〉은 외규장각 도서와는 달리 약탈 문화재가 아니라 개인이 돈을 주고 구입해 간 문화재여서 유네스코 협약에 따른 반환 요구가 어렵습니다.

Q1 〈직지심체요절〉을 되찾기 위해서는 어떻게 해야 할까요?

A

Q2 "금속 활자는 한국이 세계 최초로 발명하고 사용했지만, 인류 문화사에 영향력을 미친 것은 독일의 금속 활자이다."
이 말은 미국의 부통령이었던 고어(Gore)가 1997년 G7 회담에서 한 것입니다. 여러분은 우리나라 사람들에게 기술 개발과 더불어 무엇이 더 필요하다고 생각하나요?

A

마음에 꼭꼭! 되돌아보기

고려 시대 돌아보기 고려 시대에 관해 배웠던 내용들 중에 기억에 남아 있는 것은 무엇인가요? 머릿속에 떠오르는 내용을 '생각 주머니'에 채워 보세요.

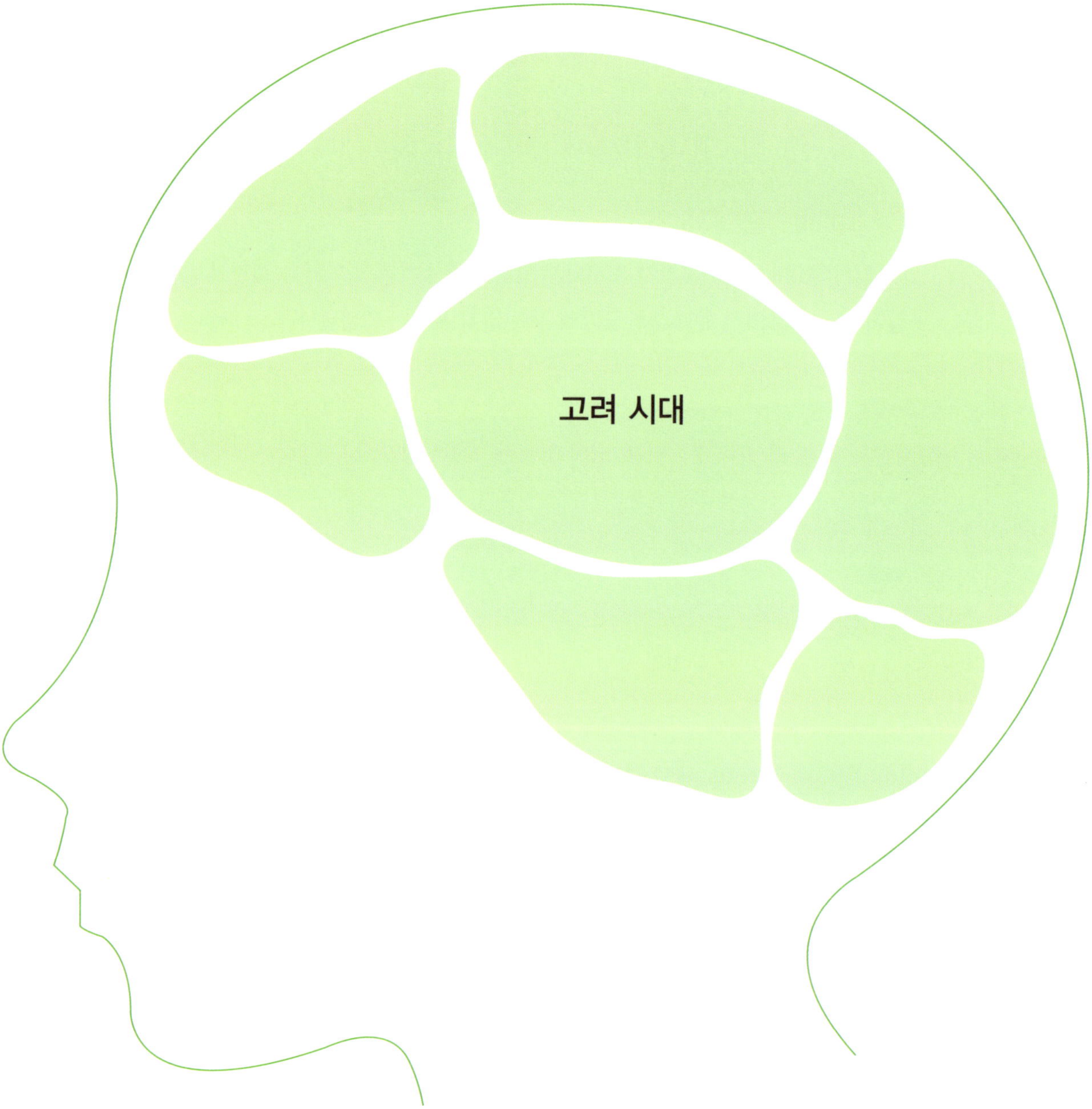

고려 시대

🌿 **역사적인 인물** 다음의 인물들 가운데 가장 닮고 싶거나 자랑하고 싶은 인물을 고르고 그 이유를 간단하게 써 보세요.

가장 닮고 싶거나 자랑하고 싶은 인물

이 유

마음에 꼭꼭! 되돌아보기

🌿 **역사적인 사건** 다음의 사건들 가운데 가장 인상적이거나 의미 있는 사건을 선택하고 그 이유를 간단하게 써 보세요.

고려 건국 　 거란의 침입 　 윤관의 여진 정벌 　 무신 정변

몽골의 침입 　 삼별초 항쟁 　 문익점의 목화씨 전래

가장 인상적이거나 의미 있는 사건

_____

이 유

_____

_____

🌿 **역사 탐방 안내** 역사 탐방 안내 자료를 참고하여 고려 시대의 유적지 및 문화재를 직접 탐방해 보세요.

장소	탐방내용	참고 사이트
국립중앙박물관 탐방	**1층 중·근세관** · 고려 1실 : 후삼국의 통일과 문벌 귀족의 시대. · 고려 2실 : 대외 관계(송, 거란, 여진 등)와 불교문화. · 고려 3실 : 원나라의 간섭과 새로운 과학 기술 및 성리학의 등장.	www.museum.go.kr
강화 역사박물관	**1층 상설 전시실** 고려 시대 생활 유물, 왕릉 출토물, 고려청자, 강화도 조약 모형 등.	http://museum.ganghwa.go.kr
강화 고려 궁지	**문화재청 홈페이지(www.cha.go.kr)에서 강화 궁지의 상세 정보 참고** · 사적 제133호 : 고려가 몽골군의 침략에 대항하기 위해 강화도로 수도를 옮기고 1234년에 세운 궁궐과 관아 건물. · 주변 문화재 : 갑곶돈대, 광성보 등.	www.cha.go.kr
해인사	**해인사 대장경 판전(국보 제52호), 고려 대장경 판(국보 제32호, 유네스코 세계 기록 유산)** · 경상남도 합천군 가야면 치인리 10번지. · 역사 속의 대장경, 배치 및 특징, 보존 작업 등에 관한 정보.	www.haeinsa.or.kr
청주 고인쇄 박물관	**직지** 세계에서 가장 오래된 금속 활자본, 유네스코 세계 기록 유산. **전시장 관람** · 직지와 흥덕사실, 직지 금속활자공방, 인쇄 문화실, 동서 인쇄 문화실, 영상관, 시연실, 인쇄 기기실 등. · 직지 원본에 따라 복원된 직지 활자판, 능화판, 금속 활자 등을 관람.	http://jikjiworld.cjcity.net

마음에 꼭꼭! 되돌아보기

역사 탐방 보고서 〈예시문〉

○월 ○일 토요일 날씨 맑음

오늘은 가족들과 함께 지하철을 타고 국립중앙박물관에 다녀왔다. 국립중앙박물관은 우리나라 최대의 박물관답게 건물도 멋지고 전시되어 있는 문화재도 무척 많았다. 나는 그동안 재미있게 배웠던 고려시대 유물들이 제일 궁금했고 빨리 가서 보고 싶었다.

고려 시대 유물이 전시되어 있는 방에서 오래된 책들과 초상화를 보았는데 천년이 넘도록 지금까지 잘 보관되어 있는 것이 참 신기했다. 또 태조왕이 보살에게 절하고 있는 그림을 보면서 고려 시대에 불교가 무척 중요하고 대단한 종교였다는 사실을 다시 생각해 보았다.

다음 방으로 갔더니 거기에는 세계에서 가장 오래된 금속 활자본 '직지'가 있었다! 이럴 수가! 하고 깜짝 놀랄 뻔했다가 진품이 아닌 복제품이란 것을 알고는 조금 실망했다. 그것을 보고 나니 프랑스에 있는 우리의 '직지'를 꼭 빨리 되찾았으면 좋겠다는 바람이 더욱 간절해졌다.

그동안 배웠던 내용을 이렇게 박물관에 와서 직접 눈으로 확인하고 체험하니 역사가 더욱 재미있어지고 기억에도 오래 남을 것 같다. 강화도에 가면 고려 시대 관련 유물도 더 많고 고려 시대에 세운 궁궐과 건물들도 볼 수 있다는데 다음에는 강화도에 꼭 가고 싶다. 더 열심히 배우고 탐험하여 역사 박사가 되어야지!

즐거운 하루였다!

역사 탐방 계획서

탐방 장소

탐방 날짜

교통편 및 준비물

탐방 내용

탐방할 때 주의할 점

마음에 꼭꼭! 되돌아보기

역사 탐방 보고서

역사 낱말 풀이!

9성 축조 윤관이 별무반을 조직하여(만들어) 천리장성 동북방의 여진족 몰아내고 축조한(쌓은) 9개의 성.

강화도 천도 고려 1232년에 몽골의 침입을 피하기 위해 강화도로 천도한(수도를 옮긴) 일. 1270년에 개경으로 환도(수도로 돌아옴)함.

과거 제도 신분이 아닌 능력에 따라 관리를 선발하기 위해 고려 광종 때 처음 실시한 관리 등용 제도. 명경과·제술과·잡과로 분류되어 있었음.

권문세족 고려 시대 무신 정변 시기에 새로 등장하여 원(몽골)과의 관계를 통하여 성장한 가문. 이들이 백성들의 토지를 빼앗고 가난한 백성들을 노비로 삼았기 때문에 조세를 내야 할 백성들의 수가 줄어들어 나라의 재정을 궁핍하게 만들었다. (예: 고려의 멸망은 권문세족과 관련이 있다.)

규율 질서나 제도를 유지하기 위하여 정하여 놓은 행동의 규칙이나 본보기.

금속 활자본 납이나 구리 등의 금속으로 만든 활자. 활판(활자로 짜서 만든 인쇄용 판) 인쇄에 이용됨.

노비안검법 고려 956년에 광종이 호족 세력을 누르고 왕권(왕의 권력)을 강화하기 위해 실시한 법으로, 원래 양인이었다가 억울하게 노비가 된 자들을 풀어 준 법.

대외 관계 나라 밖의 관계. 또는 다른 나라와의 관계.

무속 신앙 좋고 나쁨을 점치고 굿을 하는 것을 업으로 하는 사람들의 말을 믿는 신앙.

무신 신하 가운데 적과의 전투(싸움)를 담당하는 신하.

무역 나라와 나라 사이에 서로 물품을 사고파는 일.

문벌 귀족 고려 전기의 지배 계층으로 신라 말에 등장한 호족, 6두품, 개국 공신들이 문벌 귀족이 됨. 왕실과의 혼인을 통해 권력을 유지하였으며 무신 정변으로 몰락함.

문신 신하 가운데 인사나 관리 등 사무를 담당하는 신하.

별무반 고려 시대에 여진족을 정벌(무력으로 물리침)할 목적으로 기존의 군사 조직과 별도로 설치한 임시 군사 조직.

봉기 벌 떼처럼 떼 지어 세차게 일어남.(예: 백성들의 봉기가 활발하게 일어났다.)

부곡 통일 신라와 고려 시대의 천민 집단의 부락.

북방 민족 고려 시대 북쪽 대륙에 살던 민족. 거란(요), 여진(금), 그리고 몽고(원) 등의 세력들을 말함. 이들은 대륙의 지배권을 잡은 후에 고려를 압박하고 침입을 일삼았다.

불교 기원전 6세기경 인도의 석가모니가 창시한 후 동양 여러 나라에 전파된 종교. 이 세상의 고통(괴로움)과 번뇌(마음이나 몸을 괴롭히는 노여움이나 탐욕 그리고 어리석음 따위의 나쁜 생각)로부터 해탈하여 부처가 되는 것을 궁극적인 이상으로 삼는다. 불(佛:부처님), 법(法:불교의 경전), 승(僧:스님)을 세 가지 보물(삼보:三寶)로 삼고, 고집멸도(苦集滅道:삶의 괴로움은 집착에서 생기는데 이것을 없애는 데는 8가지의 길을 따라야 한다는 뜻)를 중요한 가르침으로 한다. 동양 문화에 절대적인 영향을 끼쳤다.

역사 낱말 풀이!

사대부 사(士 : 선비)와 대부(大夫: 벼슬아치)를 아울러 이르는 말로서 문무 양반(文武兩班)을 뜻하는 말. 벼슬이나 문벌이 높은 집안의 사람을 뜻하기도 한다.

삼별초 고려 무신 정권 때 몽고의 침입에 끝까지 맞서 싸운 특수 군대로서 좌별초, 우별초, 신의군으로 구성됨. 별초란 '용사들로 조직된 선발군'이라는 뜻.

성립 과정 일이나 관계 등이 이루어지는 과정.

신진 사대부 새로운 분야나 새로운 사회로 나아가는 사대부로서 고려 말에 등장하여 정치 체제를 개혁하고 조선 건국을 주도함.

쌍성총관부 고려 1258년에 원나라가 화주(함경남도 영흥) 북쪽 지역을 통치하기 위하여 설치한 관청.

여진 정벌 북방 유목 민족인 여진은 처음에는 고려를 섬기는 나라였지만 세력이 커지자 고려의 국경을 침략함. 이에 윤관 장군이 별무반을 훈련시켜 여진족을 몰아내고 동북 9성을 쌓음.

소 천민들이 집단으로 모여 살며 광물이나 수공품을 생산하던 곳.

왕좌 왕이 앉는 자리. 왕의 지위.

외교 담판 국가 간의 정치적인 관계를 결정하기 위해 각 나라의 대표가 만나서 의논하여 판단함. (예: 오늘날의 외교에서도 서희의 외교 담판을 본받을 필요가 있다.)

위화도 회군 고려 말기 1388년에 이성계가 왕의 명령을 받아 명나라를 치러 가다가 압록강 위화도에서 군사를 돌려(회군) 개경으로 쳐들어와 왕을 내쫓고 최영을 유배시킨 사건.

유교 기원전 5세기경 중국의 공자가 창시한 종교. 학문적으로는 '유학'이라고 함. 요(堯), 순(舜) 임금으로부터 주공(周公)에 이르는 성인(聖人)을 이상으로 하고 인(仁)과 예(禮)를 근본 개념으로 한다. 유교는 삼강오륜(三綱五倫 : 유교의 도덕에서 기본이 되는 세 가지의 강령과 지켜야 할 다섯 가지의 도리. 군위신강, 부위자강, 부위부강과 부자유친, 군신유의, 부부유별, 장유유서, 붕우유신)을 덕목으로 하며 사서삼경(四書三經 : 〈논어〉, 〈맹자〉, 〈중용〉, 〈대학〉이라는 네 경전과 〈시경〉, 〈서경〉, 〈주역〉이라는 세 경서)을 경전으로 한다.

융합 다른 종류의 것들이 녹아서 하나로 합하여짐. 또는 그렇게 만드는 일.

정동행성 원나라(몽골)가 일본 원정을 목적으로 고려의 개경(지금의 개성)에 설치했던 관청.

탐라 제주도의 옛 이름. 탐라국이라고도 함.

통합 둘 이상의 조직이나 기구 따위를 하나로 합침.

향 천민이 집단으로 거주하던 곳.

화친 나라와 나라 사이에 다툼 없이 가까이 지냄.

호족 통일 신라 말기와 고려 시대 초기, 지방에서 성장하여 고려를 건국하는 데 이바지한 정치 세력으로서 부유하고 세력이 있는 집안을 말함.

후삼국 시대 통일 신라 말기에 후백제, 후고구려가 일어나 한반도가 다시 삼국으로 나누어진 시기.

2_빛나는 문화를 세계에 알린 고려

9쪽

[길라잡이]
* 사진 설명 1
  고려 궁지의 사진이다. 고려 궁지는 사적 제133호로 지정되어 있는 고려 시대의 궁궐터(인천광역시 강화군 강화읍 관청리 소재)를 말한다.
* 사진 설명 2
  고려대장경이라고도 불리는 팔만대장경을 보존하려 만든 판전 안에 있는 판가이다. 팔만대장경은 13세기에 만들어진 세계 기록 유산으로 해인사 경내에 있다. 통풍, 방습, 온도, 진열 장치 등이 매우 과학적이라고 평가받는다.

[길라잡이]
* 2단원 전체 설명
  통일 신라가 후삼국으로 분열되어 혼란스러운 시대에 태조 왕건이 고려를 건국(918)하고 936년에 후삼국을 재통일하였다. 3차에 걸친 거란과의 전쟁이 끝나자 여진족이 침략해 왔다. 윤관 장군은 특수 부대 '별무반'을 조직하여 여진족을 쫓아냈다(1107).
  문벌 귀족의 권력 독점으로 나라가 위태로워지고 차별받던 무신들이 난(1170)을 일으켜 무인 시대를 열었다. 이 시기에 몽골군은 총 7차례에 걸쳐 침략하였고, 고려는 수도를 강화도로 옮기고 끝까지 항전하였으나 결국 1270년 몽골과 강화 조약을 맺게 된다. 그 후 고려는 몽골의 간섭을 받게 되고 몽골의 문화가 고려에 들어와 유행하기도 한다. 하지만 공민왕 때에 이르러서는 그동안 몽골로부터 당한 수모를 벗기 위해 몽골의 세력을 몰아내는 자주 개혁 정치를 추진하고 몽골에 붙어 이익을 누렸던 권문세족들을 억압하는 정책을 폈다.

10~11쪽

[길라잡이]

그림 설명
〈왼쪽 위〉
후삼국 시대 돌입. 태조 왕건의 후삼국 통일. 불교로 민심을 잡고 왕권을 강화했다는 내용.
〈오른쪽 위〉
광종의 과거제와 노비안검법 실시, 성종의 유교 원리를 정치 이념으로 삼은 내용, 거란의 침입과 서희의 담판 모습, 강감찬의 위용 있는 모습.
〈가운데 오른쪽〉
고려의 신분 제도와 윤관의 여진 정벌과 9성 축조, 김부식의 삼국사기, 무신 정변으로 무신들이 문신들을 몰아내고 정권을 차지하는 모습.
〈가운데 왼쪽〉
망이 망소이의 난, 몽골의 침입, 삼별초의 항쟁, 팔만대장경 조판 모습.
〈왼쪽 아래〉
일연의 삼국유사, 문익점의 목화씨 전래, 최영 장군의 왜구 토벌 모습, 최무선이 화통도감에서 화포를 만들어 왜구를 물리치는 데 활용하는 모습, 직지심체요절.
〈오른쪽 아래〉
이성계의 위화도 회군 모습, 고려의 멸망과 고려의 마지막 왕인 공양왕이 이성계에게 왕위를 물려주는 모습.

12~13쪽

[연표정답]

918년 – 후삼국 – 서희 – 강감찬 – 여진 – 삼국사기 – 무신 – 몽골 – 팔만대장경 – 삼별초 – 문익점 – 최무선 – 이성계 – 1392년

14쪽

[정답]

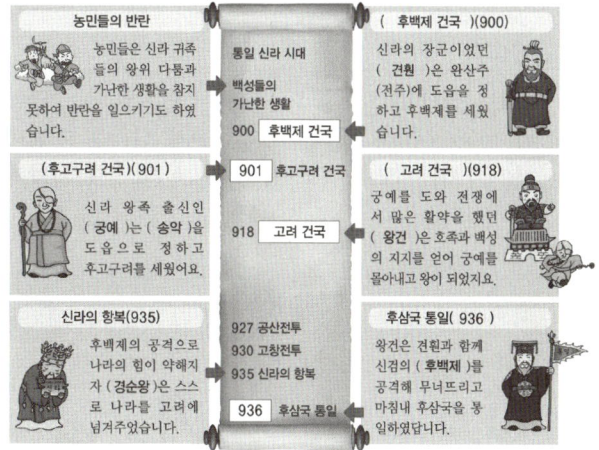

후백제 건국 : 견훤이 자신을 중심으로 하나의 나라를 세운 시기는 892년이지만 완산주로 도읍을 옮겨 후백제라고 이름을 붙이고 건국한 시기는 900년이다. 그래서 국사 교과서에서도 후백제 건국을 892년이 아니라 900년이라고 한다.

[정답]
당나라, 중앙 귀족, 중앙 귀족, 발해 인

[길라잡이]
삼국 통일과 후삼국 통일을 비교하는 문제는 중요한 문제이다. 통일의 의미가 다르기 때문이다. 여기서 중요한 점은 통일 신라와 달리 고려는 독자적인 힘으로 통일했다는 점이다. 외세의 힘을 빌린 통일은 항상 문제를 안고 갈 수밖에 없다. 고려의 후삼국 통일은 발해 인들까지 받아들였기 때문에 실질적인 민족 통일이라고 할 수 있다. 통일을 이루려면 넓게 생각해야 한다. 우리의 당면 과제인 남북통일을 생각할 때도 시사하는 점이 크다고 하겠다.

15쪽

[정답]

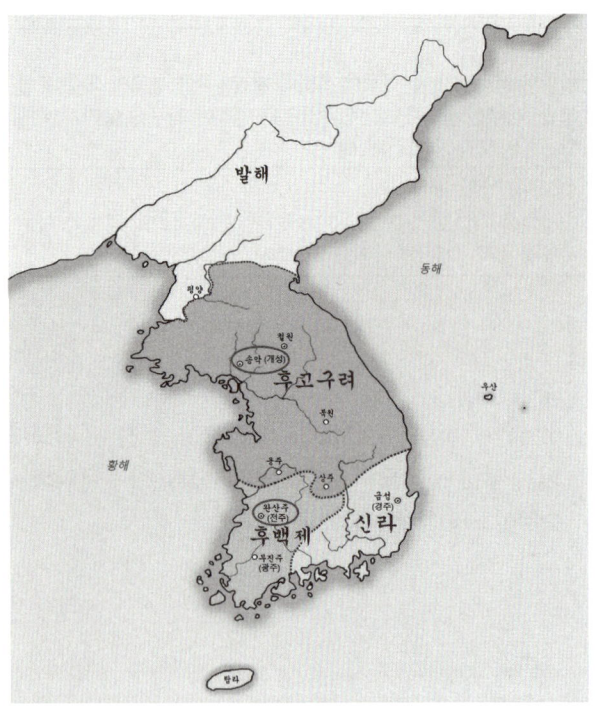

[길라잡이]

견훤의 후백제는 완산주(전주)에서 건국했고, 궁예는 송악(개성)에서 후고구려를 건국했다. 신라는 여전히 금성(경주)를 수도로 하고 있었지만 힘은 상당히 약해졌다.

16쪽

[정답]

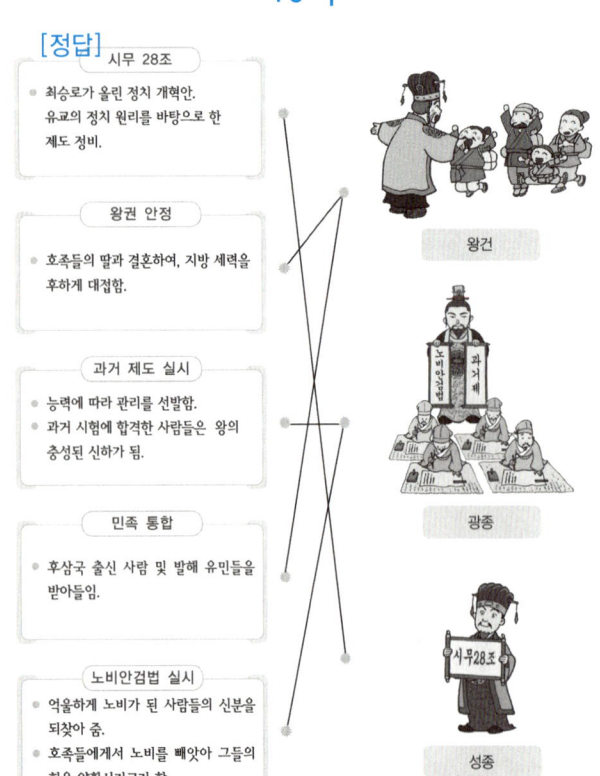

[길라잡이]

고려는 삼국을 통일한 후에 왕권을 강화하기 위해 노력했다. 그중 첫 번째는 고려의 태조 왕건이 호족들의 딸과 결혼하여 지방 세력들과의 관계를 돈독하게 했다는 사실이다.

광종이 과거 시험을 치른 것도 왕권 강화와 관련이 있다. 과거에 합격한 사람들은 왕의 충성된 신하가 될 수밖에 없다. 그렇게 되면 지방의 호족이나 중앙의 귀족들의 힘을 견제할 수 있다. 그리고 억울하게 노비가 된 사람들을 양인으로 만들어 주면 호족들의 경제력이 그만큼 약화될 수밖에 없다. 이것 역시 왕권 강화의 일환이라고 할 수 있다.

최승로의 시무 28조 가운데 "군주는 상과 벌을 분명히 하여 선한 행동은 권하고 악한 행동은 벌해야 한다."라는 문구만 보아도 군주 즉 임금의 권위를 높이려 했다는 사실을 알 수 있다.

17쪽

[길라잡이]

귀족 – 고려 시대의 귀족은 음서(자식들에게 벼슬을 주는 제도)나 공음전(관료들에게 지급하던 토지)의 혜택을 받았다.

중류층 – 고려의 중류층은 말단 행정직인 향리, 하급 장교, 역리 등을 맡았다.

양인 – 농업이나 상공업에 종사하는 사람들로서 이들에게는 조세, 공납, 역이 부과되었다.

천민 – 노비는 공공 기관에 속하는 공노비와 개인이나 사원에 예속된 사노비가 있었다. 노비는 재산으로 간주되었다.

18쪽

[정답]

	거란의 침입	고려의 대항
1차 침입	㉤ 소손녕	㉥ 서희, ㉣ 강동 6주
2차 침입	㉦ 송나라	㉢ 양규
3차 침입	㉦ 송나라	㉠ 강감찬, ㉡ 귀주

[길라잡이]

거란의 1차, 2차, 3차 침입에서 내용상 중요한 점은 거란의 입장에서는 송나라와 국교를 맺고 있는 고려가 마음에 들지 않았다는 사실이다. 그리하여 1차 침입 때는 서희가 송과 단교하고 거란과 국교를 맺겠다고 하여 강동 6주를 확보하였고, 2차 침입에서는 거란도 강동 6주의 중요성을 인식하여 다시 고려를 침공했지만 철수 도중에 고려군의 공격으로 막대한 피해를 입고 돌아갔다. 거란의 3차 침입 때는 귀주 대첩으로 거란군이 크게 패하자 거란은 소배압을 사형시켰다.

19쪽

[정답]

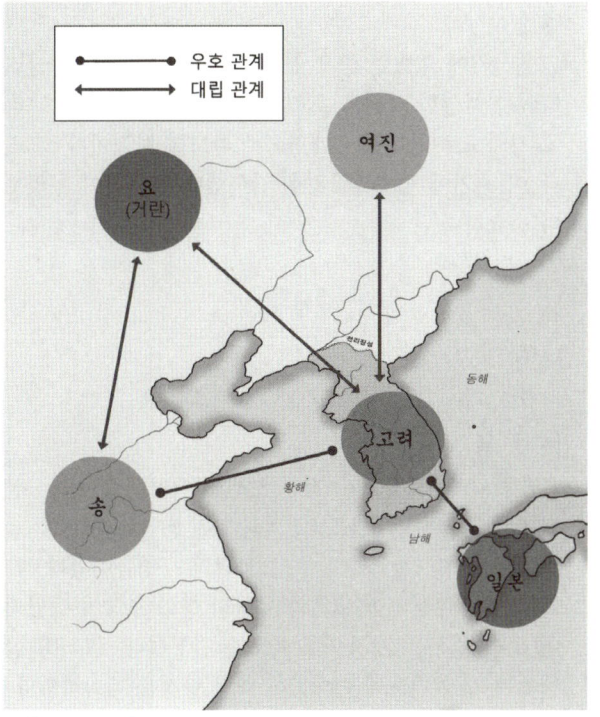

[길라잡이]
고려는 송나라와 왜(일본)와는 우호 관계였지만 요나라와 여진과는 대립 관계에 있었다. 그리고 요나라와 송나라는 서로 관계가 좋지 않았다.

20쪽

[정답]

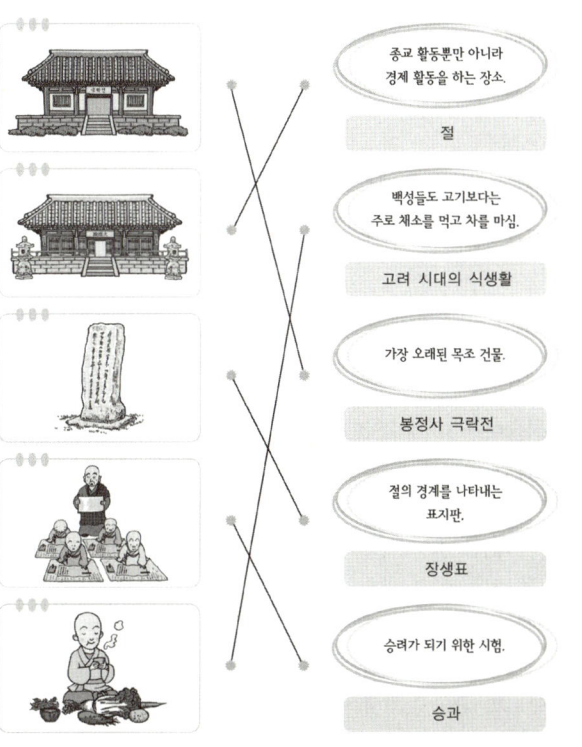

[길라잡이]
얼마 전까지만 해도 가장 오래된 목조 건물은 영주 부석사의 무량수전이었는데, 최근에 안동의 봉정사 극락전이 더 오래된 목조 건물이라는 사실이 밝혀졌다.
　절의 경계를 나타내는 표지판은 장생표라고 하는데 지금까지 많은 장생표들이 남아 있다. 이것은 고려 시대에는 절도 상당한 부를 가지고 있음을 의미한다.
　승려(중)가 되기 위한 시험을 승과(僧科)라고 하는데 고려 시대에는 승려가 되기 위해서 시험을 보았다고 하니 그만큼 승려의 신분이 높았음을 의미한다.

21쪽

[정답]
1. 천리장성　2. 수월관음도　3. 별무반　4. 화통도감

22쪽

[정답]
1. 묘청　2. 이자겸　3. 이자겸　4. 묘청
5. 이자겸　6. 이자겸　7. 묘청

[길라잡이]
　문벌 귀족은 5품 이상의 관리를 말하는데 정치적으로는 음서 제도(귀족의 자식들에게도 벼슬을 주는 제도)를 통해 높은 관직에 올랐다. 대를 이어 권력을 가졌다는 의미이다. 그리고 경제적으로는 공음전(공신이나 고위 관료들에게 나누어 준 토지를 자식들에게 물려주는 제도)으로 대대손손 부자로 살았다. 더 나아가 왕실과의 혼인을 통해 막강한 권력을 유지하였다. 대표적인 인물로 이자겸이 있으며, 묘청의 난을 진압한 김부식 등도 문벌 귀족이다. 이들은 왕권보다 자신들의 권력과 부를 중시했다고 할 수 있다. 그러나 문벌 귀족은 무신 정변으로 몰락하였다.

23쪽

[정답]
① 문벌 귀족
② 무신 정변
③ 망이·망소이의 난

[길라잡이]
만적의 난
고려 시대, 1198년에 당시 집권자인 최충헌의 노비였던 만적이 중심이 되어 계획했던 노비 해방 운동이다. 만적이 공사(公私)의 노비를 모아 노비 문서를 불사르고 "왕후장상(王侯將相)의 씨가 따로 있는 것이 아니다. 때가 오면 누구든지 할 수 있다."고 선동하였다. 그러나 다른 노비의 밀고로 발각되어 많은 노비들과 함께 붙잡혀 죽었다.

망이・망소이의 난
1176년 고려 무인 집권 때 사회 질서가 문란해진 틈을 타서 일어난 민란으로 충청도 지역인 공주 명학소에서 일어난 농민과 천민들의 봉기.

24쪽

[정답]

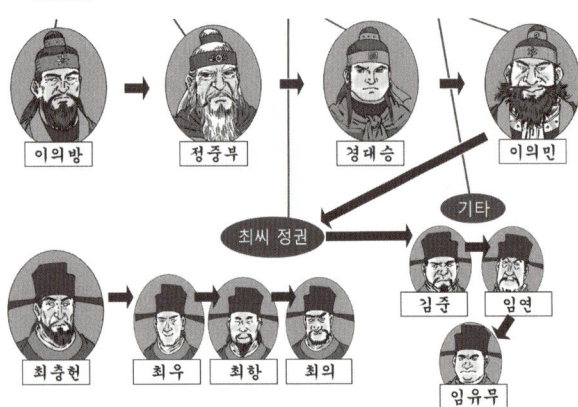

[예시답]
　문신들이 권력을 대물림하고, 백성의 생활을 어렵게 하여 무신 정변이 발생했다. 그래서 농민과 노비들은 신분 상승에 대한 기대가 컸다. 그러나 무신들이 백성을 돌보지 않았고 나라의 부강보다 자신들의 권력 유지에 신경을 써서 몽골의 침입에 제대로 대항하지 못했다는 한계를 가지고 있다.

[길라잡이]
　무신정변으로 권력을 잡은 인물의 순서는 이의방, 정중부, 경대승, 이의민, 최충헌 등이다.
　무신 정변은 김부식의 아들 김돈중이 대장군 정중부의 수염을 촛불로 태운 일이나, 젊은 문신 한뢰가 대장군 이소응의 뺨을 때린 사건이 도화선이 되었지만, 무신 정변의 배경에는 무관을 경시하고 문관을 우대하는 고려의 우문 정책이 있었다. 의종은 이러한 분위기를 감지하지 못하고 문신들하고만 어울려 난이 발생한 것이다. 이때 정중부 등 주동자들은 거의 모든 문신들을 죽이고 왕마저 폐위하고 왕제인 명종을 19대 임금으로 삼았다. 이때가 1170년이다.

25쪽

[정답]

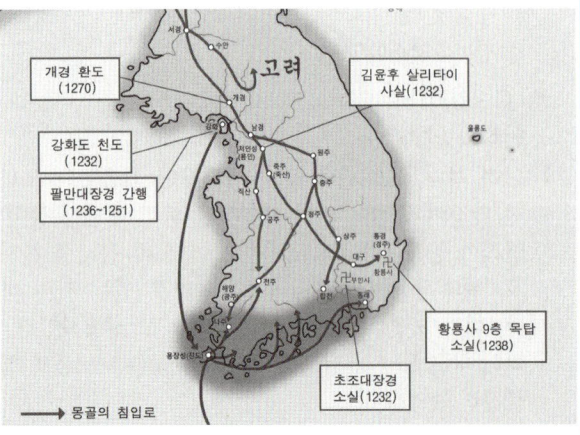

[길라잡이]
　몽골은 고려를 1231년부터 1259년까지 6차례에 걸쳐 침략했다. (구분하는 방법에 따라서는 9차 침입으로 볼 수 있다.)
　이 시기에 있었던 중요 사건은 고려의 김윤후가 살리타이를 사살한 사건과 초조대장경을 소실한 사건, 그리고 강화도로 천도했다 개경으로 환도한 사건이다. 그러나 이 시기에 팔만대장경을 간행했다는 사실이 무엇보다 중요하다.

26쪽

[정답]
(강화도) → (진도) → (제주도)

[도움 글]
　'별초'란 '용사들로 조직된 선발군'이라는 뜻이다. 삼별초는 좌별초, 우별초, 신의군으로 조직된 군대를 일컫는다. 삼별초는 최씨 무신 정권의 사병들이었다. 무신 정권이 무너지고 고려와 몽골의 강화 조약이 성립되어 고려 정부는 개경으로 환도를 결정했다. 그러자 삼별초는 개경 환도에 반대하며 대몽 항쟁을 계속하였다.
　그러나 결국 이들은 고려와 몽골 연합군에 의해 1273년 모두 죽었다.

27쪽

[정답]

타	왕	승	오	문	하	제	희	관
공	기	보	익	강	오	궁	감	최
원	에	점	윤	최	감	문	고	서
일	연	도	피	무	견	찬	희	려
종	노	건	감	양	공	이	에	하
윤	관	하	최	기	민	최	타	중
궁	감	서	광	고	왕	승	승	호
점	하	기	희	종	감	보	익	로
최	무	선	규	무	기	민	왕	대

최승로 – 시무 28조
일연 – 삼국유사
문익점 – 목화씨
공민왕 – 반원 개혁 정치
서　희 – 외교 담판
최무선 – 화포 제조
강감찬 – 귀주 대첩
윤　관 – 여진 정벌(별무반 조직)
광　종 – 과거제 시행

[길라잡이]
 별무반은 고려 시대에 윤관이 여진족을 정벌하기 위한 목적으로 기존의 군사 조직과 별도로 설치한 임시 군사 조직을 말한다.

28쪽

[예시답]
 1조 : 불교를 정신적인 이념의 근간으로 삼는다는 의미이다.
 10조 : 경전과 역사서를 배워 현재를 돌이켜보라는 의미이다.
 3조 : 왕권을 더욱 강화하라는 의미이다.
 5조 : 서경 그러니까 현재의 서울을 중시하라는 것은 전국의 중심에서 전국을 살피라는 의미이다.

[예시답]
 1조 : 나라를 굳건히 하려면 정신적인 통일이 중요하다는 의미이기 때문이다.

29쪽

[정답]

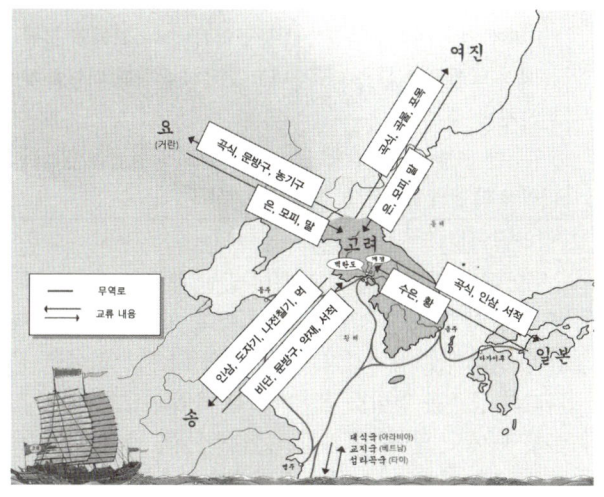

[길라잡이]
 고려가 요나라와 여진에 수입한 것은 은, 모피, 말 등으로 같았다. 일본에는 곡식, 인삼, 서적을 수출하고 수은과 황을 수입했다. 이런 사실에 비추어 볼 때, 고려는 곡식과 인삼 등이 주요 수출품이고 수입은 각 나라의 특산품이었음을 알 수 있다.

30~31쪽

[정답]
고려 : 삼베, 인삼
송 : 비단, 약재, 차
아라비아 : 보석, 향신료, 공작, 앵무새

[예시답]
* 나는 (아라비아) 나라의 상인입니다.
* 내가 수출하고 싶은 물건과 그것을 고른 이유는 무엇인가요?
 앵무새, 앵무새는 말을 따라 하는 신기한 새이므로 사람들이 관심과 호기심을 가질 것이다. 인기가 많아 비싼 값을 받고 팔 수 있을 것이다.
* 이 물건을 팔기 위해 다른 나라 상인에게 내가 꼭 해야 할 말은?
 여기 알록달록 아주 예쁜 새가 있습니다. 그냥 예쁜 새냐고요? 아닙니다. 이 새는 아주 신기한 능력을 가진 놀라운 새입니다. 자 여기로 모여 보세요! 지금부터 이 새는 제가 하는 말을 똑같이 따라 할 것입니다! 어서 여기로 모여 보세요!

32쪽

[정답]
팔관회, 연등회

[예시답]
* 우리 모두 전쟁 없이 행복하게 살게 해 주세요.
* 온 나라가 평온하고 모든 백성들이 잘 먹고 잘살게 해 주세요.
* 우리 가족이 건강하게 오래 살 수 있게 해 주세요.

[길라잡이]
 고려 시대에는 다른 나라의 침략이 많았기 때문에 전쟁 없이 평안하게 살게 해 달라고 빌었을 것이다. 그리고 옛날이나 지금이나 가족이 소중하기 때문에 가족 모두 건강하게 해 달라고 빌었을 것이다.

33쪽

[예시답]
· '1남 1녀', '무남독녀'와 같은 말이 자연스러운 요즘에 비해 '몇녀 몇남'이라는 말이 어색하지 않았던 것을 보면 여성이라는 이유로 차별받지 않았을 것이다.
· 주로 아들이 제사를 지내는 요즘과 비교했을 때 아들과 딸이 번갈아 제사를 지낸 것을 보면 딸도 아들과 똑같은 책임이 있었을 것 같다.
· 여성이라는 이유로 차별받지 않았다.
· 여성의 지위가 높았다.

[길라잡이]
 여기서는 여성들이 남성들에 비해 거의 차별 없이 대우를 받았다는 것을 의미한다. 그러나 여성의 지위가 높았다고 해서 남성들보다 높았다는 것을 뜻하지는 않는다.

34쪽

[길라잡이]
① 맨 앞에는 '청자'라고 쓴다.
② 〈청자 제작 기법〉
상감 : 무늬를 파내거나 새김판으로 찍고 그 자국에 백토 혹은 적토를 메워 초벌구이한 후 유약을 발라 굽는 것.
양각 : 그릇의 표면에 문양이 도드라지게 조각하여 부조와 같이 반입체감을 내는 것.
음각 : 그릇의 표면에 문양을 오목하게 파서 나타내는 것.
투각 : 묘사할 대상의 윤곽만을 남겨 놓고 나머지 부분은 파서 구멍이 나도록 만들거나, 윤곽만을 파서 구멍이 나도록 만드는 것.
③ 〈청자 무늬〉
운학무늬 : 구름과 학 무늬
포도 동자 무늬 : 포도와 어린아이 무늬
연꽃무늬 : 연꽃무늬
대나무 무늬 : 대나무 무늬
* 그 밖에 국화, 물고기, 오리, 나비, 벌, 파도 등 다양한 무늬가 사용되었다. 이 밖에도 학생들이 생각해 낸 창의적인 무늬로 꾸미게 하는 것도 좋다.
④ 〈용도〉
바탕 그림은 '매병'으로 제시되었지만 꽃병, 항아리, 연필꽂이 등 학생들이 사용하고 싶은 용도로 생각하여 꾸미면 된다. 또는 주어진 바탕 그림 대신 원하는 용도에 맞는 다른 바탕 그림을 덧 그려도 좋다.

35쪽

[정답]
㉠ 삼베, ㉡ 모시, ㉢ 비단, ㉣ 면, ㉤ 목화
'㉠ 삼베, ㉡ 모시'는 '㉠ 모시, ㉡ 삼베'로 바꿔서 써도 정답으로 인정한다.

[길라잡이]
면으로 만든 옷을 처음 입어 본 아이의 입장에서 옷감의 촉감이나 느낌 등의 소감을 함께 써 보도록 지도한다. 목화를 재배하면 겉껍질이 털 모양의 섬유로 변하는데 여기서 실을 뽑아 천을 만들면 면 또는 무명이 된다. 이것으로 옷을 만들기도 하고 솜털 그대로를 솜으로 뭉쳐 이불 속에 넣으면 솜이불이 된다.

[예시답]
존경하는 문익점 아저씨께.
안녕하세요 문익점 아저씨! 저는 ○○에 살고 있는 ○○○라고 해요. 아저씨께서 우리나라에서 처음으로 목화를 재배하는 데 성공하셔서 무명이라는 옷감을 만들어 내셨다면서요? 우와~ 이 옷감은 정말 신기하고 부드럽고 따뜻한 최고의 옷감이에요! 작년 겨울까지만 해도 삼베옷을 여러 겹 껴입어도 추웠는데 면으로 만든 무명옷을 입어 보니 정말 따뜻해요! 이제는 더 이상 비단옷을 입은 귀족들이 부럽지 않아요~…….

36~37쪽

[정답]
(1) 풍속의 이름 - 몽골풍
   사례 - 소주, 만두, 연지, 족두리, '변발, 마마, 무수리, 벼슬아치' 등의 용어
(2) 풍속의 이름 - 고려양
   사례 - 의복, 신발, 모자, 음식 등

[예시답]
(3) 공민왕은 고려로 돌아오자마자 몽골 옷을 벗어 버리고 머리 모양도 고려식으로 바꾸었다. 공녀 보내는 일을 중단시키고 원나라에서 빼앗아 갔던 땅을 공격하여 되찾았다. 원나라에 충성하는 뜻의 '충렬왕, 충혜왕'과 같은 이름을 사용하지 않았다.

(4)

원나라와 활발한 교류를 통해 우수한 문물을 주고받을 것이다!	고려의 자주성을 지키기 위해 몽골의 풍습을 없애고 고려의 문화를 지킬 것이다!
*우리의 우수한 문화를 원나라에 알릴 수 있다.	*원나라는 고려를 침략한 나라이므로 끝까지 싸워야 한다.
*고려에 없는 새로운 물건을 들여와 백성들의 삶을 더욱 편하게 해 줄 수 있다.	*몽골의 풍습이 고려의 훌륭하고 고유한 문화를 더럽힐 것이다.
*우수한 문물을 주고받으면 나라가 더 빨리 발전한다.	*독자적으로 훌륭한 발명품과 문화유산을 만들 수 있다.

[길라잡이]
40년에 걸친 몽골과의 전쟁이 끝난 후 원나라는 고려에 그들의 관청을 설치하고, 고려의 왕세자를 볼모로 삼아 원나라로 데려갔다. 또 고려의 왕으로 하여금 원나라의 공주를 왕비로 맞이하도록 하였고, 고려의 왕을 부를 때에도 앞에 '충'자를 넣어 충렬왕, 충혜왕, 충정왕 등으로 하였는데, 이것은 원나라에 충성하라는 뜻을 담고 있었다.
고려의 궁중에서는 사용된 '마마'는 궁중 어른에게 최고의 존칭으로 붙이는 말이었고, '수라'는 왕의 음식을 가리키는 말, '무수리'는 궁중에서 일하는 궁녀를 가리키는 말인데, 이런 말들은 몽골에서 들어온 말이다. 그 밖에 사람을 가리킬 때 '치'라는 말을 붙여 '장사치', '벼슬아치'라고 부르는 말도 이때 들어온 말이다. 요즘에 학생들이 PC 게임을 할 때 사용하는 '경험치'라는 말은 이와 상관없다. 이 말은 측정하거나 계산하여 얻은 값을 뜻하는 '치' 자 앞에 경험이라는 단어를 썼다고 생각한다. '경험치'는 경험해서 얻는 힘의 수치를 뜻할 뿐이다. 《리더를 위한 한국사 만화 2 고려 시대사》 참조.

38쪽

[예시답]
〈별 다섯 개〉
팔만대장경
지금까지 현존하는 대장경 중에서 가장 오랜 역사를 가지고 있고, 그 내용도 완벽한 세계적인 문화재이다.
화포
왜구를 물리치는 데 가장 많은 공헌을 했기 때문이다. 고려 시대에 화포를 만들어 놓지 않았다면 임진왜란이 일어났을 때에도 더 큰 화를 입었을 것이다.
고려청자
세계에서 가장 아름다운 청자로서 고려뿐만 아니라 우리의 예술적인 감각을 알려 주는 예술품이기 때문이다.

[길라잡이]
유물의 특징과 연관 지어 이유를 말하게 한다. '멋있기 때문이다', '훌륭하기 때문이다'와 같은 막연한 답안은 지양한다. 등급을 다르게 하여 그 차이를 설명하는 훈련은 창의성 가운데 하나인 민감성을 기르는 훈련 중의 하나이다. 따라서 교사와 학부모는 아이들의 의견을 듣고 그 차별성이 드러나면 칭찬해 줄 필요가 있다.

39쪽

[길라잡이]
고려 시대 이전에도 화폐(오수전, 명도전)가 있었지만, 국가 주도로 최초의 규격화된 화폐[건원중보(乾元重寶): 주화(쇠로 만든 돈)]를 만들어 유통시킨 때는 고려 성종 15년(996년)이다. 은병은 서민들이 국밥을 사 먹을 때나 닭이나 계란 등을 살 때와 같이 가격이 싼 물품을 거래하기에는 단점이 많아 일부 귀족들 사이에서만 유통된 것으로 보인다. 그러다가 은병은 조선 태종 8년(1408)에 유통이 금지되었다.

[예시답]
- 물건을 살 때마다 무겁게 옷감이나 쌀을 들고 가야 한다. / 쌀은 시간이 지나면 썩어 버린다. / 흉년이 들면 거래가 어려워진다. / 정확한 계산이 어렵다.
- 화폐를 다 같이 사용해야 하는데 일부에서만 사용했기 때문이다. / 쌀이나 베 등은 직접 사용할 수 있는 실용적 물품 화폐였지만 국가에서 만든 철전이나 동전은 실용 가치가 없었기 때문이다.
- 화폐는 일반 사람들이 사용하기에 편해야 하는데 은병 하나면 베 100여 필 값이어서 일반 백성은 은병을 사용하기 어렵다. 그래서 유통에 실패했다.

40쪽

[예시답]
삼국 시대의 불상은 인체 비율에 맞게 아름답게 조각된 것에 비해 고려 시대의 불상은 인체 비율이 맞지 않는 특성을 가지고 있다.

[길라잡이]
고려 시대에는 지방 호족들이 불교에 심취하면서 부를 이용해 불상을 조각했는데 그들은 지방의 문화를 향유하고 있었기 때문에 불상들이 지역적 특성을 가지고 있다.
삼국 시대와 신라의 불상들은 섬세하고도 아름답게 조각된 데에 비해 고려 시대에는 인체 비율이 맞지 않아 못생겨 보이는 불상들도 생겨났다.
고려 시대에는 지역적 특성이 반영된 형태와 장식이 많고 단아한 형태의 불상이 공존했다.

41쪽

Q1.
[예시답]
불교와 부처님의 힘으로 몽골의 침략을 물리치고자 만들었습니다. 불심으로 외적의 침입을 이겨보겠다는 의미가 담겨 있는 셈입니다.

Q2.
[예시답]
팔만대장경은 동아시아 지역의 모든 불교 경전을 집대성한 문헌으로 당대 최고의 경전이라 할 수 있습니다.

Q3.
[예시답]
팔만대장경은 사라진 초기 목판 제작술의 귀중한 자료로 평가받고 있는 한편, 고려 시대의 정치, 문화, 사상의 흐름을 엿볼 수 있는 역사 기록물이기도 합니다. 경판 표면에는 옻칠을 하여 760년이 지나도록 생생한 상태로 남아 있어 현재도 인쇄할 수 있을 정도로 완벽한 기록물입니다.

[길라잡이]
팔만대장경은 세계 문화유산이 아니라 2007년 6월에 등재된 세계 기록 유산이다. 대장경판은 현재 세계에서 가장 오래되고 가장 정확하고 가장 완벽한 불교 경판이다.
해인사가 소장하고 있는 대장경판은 총 87,000여장의 목판인데, 석가모니가 일생동안 설법한 경전과 계율, 그리고 그 내용들에 대해 후대의 사람들이 첨부한 논서, 주석서, 이론서들을 집대성한 불교 경전을 담고 있다'.

42~43쪽

Q1.
[예시답]
- 우리나라가 프랑스 국립 도서관과 협력하여 〈직지심체요절〉을 대여 형태로 들여오면 좋겠습니다.
- 프랑스와 담판을 지어 소중한 문화재를 되찾아야 합니다.
- 세계 여러 나라 사람들에게 훌륭한 문화재 〈직지심체요절〉이 우리의 것이라는 사실을 널리 홍보해야 합니다.

[길라잡이]
〈직지심체요절〉의 고향인 청주시를 중심으로 대대적인 〈직지심체요절〉 찾기 운동을 벌였고, 되찾는 방안을 추진하고 있다. 우리는 외국에 있는 자랑스러운 문화재를 되찾고 우리의 문화재를 지키려는 노력을 더해야 할 것이다.

Q2.
[예시답]
좋은 기술이라면 많이 사용할 필요가 있다. 기술을 개발하면 그것을 사용할 수 있는 내용을 만들어 세계에 알려야 한다. 그렇지 않다면 좋은 기술이 다른 사람들에게 알려지지도 못한 채 묻힐 수 있다.

[길라잡이]
우리가 금속 활자를 가장 먼저 발명했지만, 그 기술을 많이 활용하지 못했다. 〈직지심체요절〉 등 몇 권의 책을 인쇄했을 뿐이다. 기술 개발도 중요하지만 그 기술을 활용할 수 있는 콘텐츠를 개발하는 것도 대단히 중요하다고 하겠다.

44쪽

[예시답]

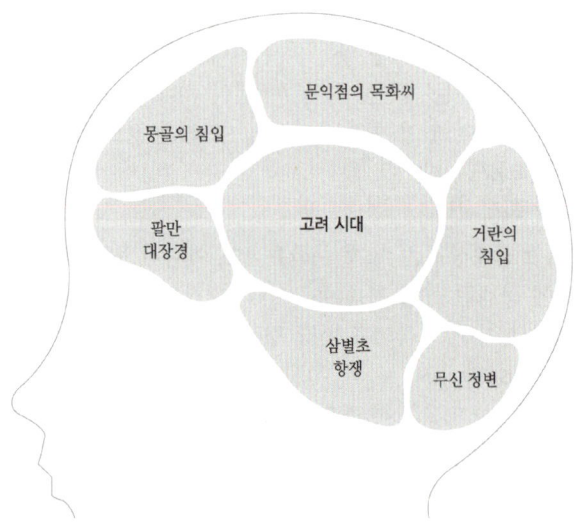

[길라잡이]
이 문제는 마인드맵 그리기의 변형이라고 할 수 있다. 가장 중요하다고 생각하는 인물이나 사건들을 채워 넣고 돌아가면서 이야기를 나눠 보면 재미있을 것이다.

45쪽

[길라잡이]
이 문제의 출제 의도는 고려의 건국에서 멸망 때까지 존재했던 인물들을 다시 한 번 생각해 보자는 데 있다. 이 문제를 대할 때 가장 중요한 인물로 어떤 인물을 선택하든 상관이 없지만 그 이유는 적절해야 한다. 이와 같은 문제에서는 적절한 이유가 가장 중요하다. 그래야 자신의 의견이 설득력을 가지기 때문이다.

[예시답 1]
가장 닮고 싶거나 자랑하고 싶은 인물 : 왕건
이유
후삼국을 통일하여 고려를 세운 사람이기 때문이다.

[예시답 2]
가장 닮고 싶거나 자랑하고 싶은 인물 : 문익점
이유
고려 말 목화씨를 가지고 와서 고려 시대 사람들과 그 이후의 사람들이 겨울을 따뜻하게 지낼 수 있도록 해 준 사람이기 때문이다.

46쪽

[길라잡이]
사건의 역사적 배경 설명과 선택 근거의 제시는 정교하고 구체적일수록 좋다. 나아가 학생들이 다양한 답을 서로 발표하고 공유하는 과정을 통해서 각 사건들을 보다 균형 잡힌 관점에서 이해할 수 있도록 교사와 학부모의 안내가 필요하다.

[예시답 1]
가장 인상적이거나 의미 있는 사건
몽골의 침입
이유
여러 번의 몽골 침입으로 고려가 극도로 쇠약해졌기 때문이다.

[예시답 2]
가장 인상적이거나 의미 있는 사건
문익점의 목화씨 전래
이유
목화씨 덕분에 많은 사람들이 겨울을 따뜻하게 보낼 수 있었기 때문이다.

[예시답 3]
가장 인상적이거나 의미 있는 사건
삼별초 항쟁
이유
몽골에게 고려의 정신이 만만치 않음을 보여 준 사건이기 때문이다.